ALAIN MINC

SOMME TOUTE

BERNARD GRASSET
PARIS

ISBN : 978-2-246-83626-1

AVANT-PROPOS

Après près de cinquante livres « au compteur » et presque cinquante ans de participation au débat public, un dilemme s'impose : mettre sac à terre ou faire, au minimum, un arrêt sur images.

La première option me révulse : mourir en scène, tel Molière, est impératif, sous peine de devenir, au fil du temps, un zombie.

Le second choix relève, crois-je, d'une saine hygiène intellectuelle. Ni autosatisfaction, ni autoflagellation, ni autojustification, ni autodestruction, au moins conscientes.

Arrêts sur images, donc, et non mémoires ! Les premiers correspondent à une habitude cinématographique de se donner le temps d'une pause, un recul salutaire. Les seconds font une part inévitable au narcissisme et, à ce titre, m'effraieraient.

Comme François Mitterrand, je crois que les morts ne le sont vraiment qu'au moment où on ne pense plus à eux tous les jours. Aussi, noblesse oblige, ces arrêts se fixent-ils d'abord sur « mes morts », non bien sûr ceux qui relèvent de la vie privée mais ceux, publics, qui jouèrent un rôle cardinal pour moi, au minimum amical, au mieux filial.

Ce sont ensuite des arrêts, au sens propre du terme, sur des moments importants dans l'instant et plus encore rétrospectivement. Le choix n'est évidemment pas neutre et chacun peut l'interpréter à sa guise. C'est une grille de lecture.

Pour quelqu'un qui participe depuis près de cinquante ans à la réflexion publique, le détour s'impose par les « micro-legs » qu'il a pu y déposer : concepts, expressions, métaphores, à travers une relecture que j'espère humble.

Mais l'exercice serait mensonger et illusoire s'il ne comportait pas aussi l'énoncé de mes « ratés » intellectuels. Je laisse évidemment de côté, sous l'ombrelle du secret des affaires, mes faux pas dans la sphère du « business ». Ratés dont j'essaie, *a posteriori*, de découvrir la genèse qui relève d'un mélange de préjugés, d'analyses incertaines et surtout d'inconscient.

S'il existe un fil rouge à travers ces figures, ces moments, ces obsessions et ces ratés, c'est celui d'une foi militante en l'Europe, foi qui n'a jamais vacillé et dont je suis certain, quelles que soient les circonstances, qu'elle ne vacillera jamais.

De cette promenade sur plus d'un demi-siècle, je ne tire ni conclusion, ni jugement définitif. Elle est, à sa manière, l'expression d'une génération chanceuse qui a vu la raison progresser dans les affaires du monde, la démocratie avancer, l'économie s'avérer plutôt efficace, la solidarité faire des pas en avant. En ira-t-il de même demain ? J'en doute.

I. FIGURES

Jacques Anquetil

J'allais avoir huit ans et un personnage, pour la première fois extérieur à ma famille, fit irruption dans ma vie. Jacques Anquetil venait de gagner, en mars 1957, Paris-Nice. Il s'était approprié l'année précédente le record du monde de l'heure mais c'était Alain Mimoun qui m'avait à l'époque impressionné, le marathonien arabe que les patrons de la guerre d'Algérie se plaisaient à encenser pour des raisons évidentes.

Paris-Nice, donc : j'attendais le contre-la-montre qui donnerait la victoire à Anquetil comme l'heure du miracle. Miracle il y eut et mon obsession enfantine se cristallisa dans l'écriture d'une lettre adressée à mon héros : « Je serai l'enfant le plus heureux du monde si vous m'adressez une photo dédicacée. » Je ne sais comment mes parents trouvèrent l'adresse du destinataire mais la missive parvint à bon port, puisque je reçus un beau jour une enveloppe contenant une photo avec le sésame magique : « Pour Alain Minc, amicalement, Jacques Anquetil ». Le tout orné d'une signature à arabesques que je m'empressai d'imiter et que j'ai conservée jusqu'à aujourd'hui, comme un talisman, fût-ce au risque du ridicule et d'une interrogation psychanalytique sur ce signe identitaire incompréhensible pour qui en ignore la genèse. Doté de mon viatique, cette photo en guise d'image pieuse accrochée au-dessus de mon lit, seul symbole d'adoration mystique toléré dans le milieu laïcard où je baignais, je suivis le Tour de France 1957, obsédé par l'espoir d'un « triomphe romain » de mon héros. Ce qui fut accompli. Mon obsession en fut accrue. Sotteville-lès-Rouen où résidait le grand homme me semblait un nom magique, son épouse Janine une princesse de conte de fées, les photos de son intérieur dans *Miroir-Sprint*, la bible des adorateurs du cyclisme, un reportage au cœur du Vatican.

S'ouvrit alors une période pendant laquelle ma foi ne vacilla pas, alors que j'aurais pu déplacer mon adoration. Désireux de montrer qu'il pouvait aussi gagner des classiques en ligne, Anquetil vola d'échec en échec. Un Tour 1958 médiocre, gagné par Charly Gaul que je ne cessais de vouer aux gémonies. Un Giro – le Tour d'Italie – en 1959 avec une crispante seconde place ; un Tour 1959 miné par les rivalités avec Bobet, Geminiani, Rivière que je haïssais de toutes mes forces, avec à l'arrivée la victoire de Bahamontes.

Ma foi demeurait inflexible. Heureusement sa victoire dans le Giro en 1960 me parut la récompense de mon absolue fidélité, et son refus de participer au Tour une décision par définition sage, comme toutes celles qu'il prenait. Ce Tour-là vit la chute de Roger Rivière et son élimination du monde cycliste. Je crains, rétrospectivement, d'avoir vécu cet événement avec des sentiments peu respectables puisque Bobet à la retraite, Rivière éliminé, Anquetil allait pouvoir régner en majesté.

Dénué de modestie, ce qui me semblait naturel de la part d'un aussi grand homme, mon héros annonça qu'il porterait le maillot jaune le premier jour et le garderait jusqu'au dernier. Aussitôt dit, aussitôt fait. Tout le monde trouva le Tour prodigieusement ennuyeux et moi je le jugeai, en revanche, extraordinairement excitant. Incapable, l'année suivante, de gagner la Vuelta – le Tour d'Espagne –, il la quitta sur un geste de mauvaise humeur, objectivement choquant et que, pour ma part je trouvai légitime. Arrive le Tour. Bonne nouvelle : le rival naissant, Poulidor, se fracture le poignet, Anquetil gagne une troisième fois et rejoint le record de Louison Bobet. L'homme me semble de plus en plus digne de ma passion. 1963 : le règne continue et Anquetil enchaîne la Vuelta et le Tour. À mes yeux, il s'apparente désormais à un surhomme.

Enfin, en 1964, après une victoire, naturelle désormais à mes yeux, au Giro, s'ouvre un Tour écrasé par sa rivalité avec Poulidor. Je me souviendrai, toute ma vie, de l'après-midi de l'étape du Puy-de-Dôme où, en vacances à Bournemouth, au sud de l'Angleterre, j'écoutais le cœur battant, l'oreille sur un transistor, le récit du « mano a mano » entre Anquetil et Poulidor et ne me lassais pas de la victoire de mon héros. J'aurais pu, désormais adolescent et lui fort de ses cinq Tours gagnés, me libérer de ma sujétion. Rien de tel ne se produisit. Je vibrais à l'exploit qu'il avait annoncé vouloir faire : enchaîner le Dauphiné Libéré et dans la foulée Bordeaux-Paris et je me précipitais sur le bord du parcours pour voir passer à toute vitesse, collée à son motocycliste – puisque telle était la règle dans cette course –, mon éternelle idole.

Ce sera l'apogée, je crois, de ma passion. Je commençais à m'éloigner progressivement mais je ne saurai jamais si l'âge avait fait son œuvre ou si je ne supportais pas les premiers déboires de mon héros et préférais m'en distancier. Une ultime émotion fut le championnat du monde 1965 et l'absolue déception de voir Anquetil finir deuxième derrière Rudi Altig.

La France était coupée en deux, Anquetil contre Poulidor, et j'appartenais au premier camp, sans même y réfléchir. Solidarité de premiers de classe ? Anquetil représentait la quintessence de cette catégorie avec son arrogance, son sentiment de supériorité, sa capacité de s'abstraire des exigences classiques du métier. Mais à l'inverse, pourquoi le fils d'immigrés que j'étais n'éprouvait-il aucune empathie à l'égard de Raymond Poulidor, symbole valeureux de la France populaire ? Une part de moi-même occultait-elle l'autre ? Questions bien tardives de la part d'un adulte...

Pierre Bergé

Une rencontre capitaliste débouche rarement sur une vraie amitié, au plus sur une camaraderie d'intérêts. Pourtant né d'une opération financière en 1986, mon lien avec Pierre Bergé fut granitique jusqu'à sa mort en 2017.

Tout devait pourtant en principe me rebuter chez Bergé. C'était le chef autoproclamé du lobby homosexuel et j'avais pourfendu ce groupe de pression, parmi d'autres, dans un de mes bouquins, *Épîtres à nos nouveaux maîtres*. Il avait l'argent légèrement arrogant, à rebours de l'éducation que j'avais reçue. Il était devenu un mitterrandien idolâtre, rôle auquel rien ne le destinait, lui qui avait menacé de licencier en 1981 les salariés de Saint Laurent qui avaient voté pour le candidat de gauche, et l'esprit de cour qui entourait François Mitterrand me hérissait. Il avait jeté ses forces et son argent derrière la candidature loufoque de Ségolène Royal tandis que je considérais que le simple bon sens exigeait de voter Sarkozy. Il prit le contrôle du *Monde* avec Xavier Niel et Matthieu Pigasse, au nez et à la barbe de mes amis Cebrian et Perdriel, qu'avec Emmanuel Macron, alors jeune banquier, nous soutenions énergiquement. Et nonobstant cette cascade de désaccords, nous n'avons cessé pendant ces trente et un ans de devenir de plus en plus proches.

Son itinéraire me fascinait : le jeune homme de l'île d'Oléron parti à l'assaut de Paris, tel un Rastignac insulaire, sans argent ni diplôme, avec pour seuls viatiques son ambition, son intelligence, son entregent et son charme. Sa lucidité sur lui-même impressionnait : il rêva d'être écrivain, peintre, musicien, artiste en un mot, mais, mesurant son incapacité d'y parvenir, il se mua en un Pygmalion de génie. S'il était demeuré sous la coupe de Bergé, Bernard Buffet serait peut-être devenu un grand peintre. Et sans Pierre, Yves Saint Laurent serait demeuré un semi-dépressif au coup de crayon inestimable, mais sans projet, ni dessein.

Quand j'ai connu ces deux hommes, l'ascendant appartenait incontestablement à Pierre : Yves était, pour son propre bien, sa carrière et sa postérité, « sa chose ». Qu'en était-il au départ, dans une passion amoureuse dont maints fils nous échappent, entre le créateur névrosé, sûr de son génie, mais fragile et son mentor au caractère d'acier, qui ne s'épanouissait que dans le commandement, voire l'autoritarisme ? Bergé admirait follement Saint Laurent mais était convaincu que sa part dans l'accomplissement de l'œuvre du couturier était au moins équivalente à la sienne. Fallait-il le penser pour transformer le nom de leur fondation commune, de Yves Saint Laurent-Pierre Bergé en Pierre Bergé-Yves Saint Laurent !

Son œil de chasseur toujours aux aguets, qui n'a jamais touché une culasse de fusil, éblouissait pour pister les tableaux, les sculptures, les livres rares. La part d'addiction, propre aux grands collectionneurs, constituait une des facettes de sa propre folie. Folie de penser qu'il n'y a de limite à rien. Folie de vouloir conjurer la mort, chez cet athée militant qui ne renia jamais ses racines protestantes, en visant à travers Saint Laurent une miette d'éternité. Folie de penser, du même mouvement, que rien ne vaut rien mais qu'une œuvre mercantile peut conjurer le temps qui passe. Folie de vouloir, à toutes forces, bâtir un personnage tellement atypique que son originalité suffirait à lui assurer une postérité.

Accroché à l'anarchisme de ses débuts parisiens mais si fier de s'être glissé dans les salons Rothschild. Avide de constituer un patrimoine pour le dépenser, mais plus encore pour le donner, les petits gestes de générosité avec une totale discrétion, les grands avec ostentation. Capable d'une mauvaise foi saisissante mais d'une fidélité absolue aux individus, bien davantage qu'aux idées. Aux premiers, il faisait don de sa personne ; aux secondes il ne vouait qu'une dévotion fugitive. Avec en surplomb une culture très paradoxale : infinie en littérature et en musique ; faible en philosophie ; dérisoire en histoire.

Ce sont les ressorts de sa passion pour la lecture qui lui permirent de réaliser son rêve en séduisant François Mitterrand et, griserie suprême, en s'approchant, de la sorte, de la quintessence du pouvoir. J'ai participé à la séance de séduction littéraire qui a conduit Mitterrand à prêter attention à Bergé. Celui-ci m'avait entraîné à assister avec lui au meeting du candidat-président lors de la campagne présidentielle de 1988 à Strasbourg. La grande messe était suivie d'un dîner en petit comité et, habile, Bergé joua les Aquitains de naissance et chercha la connivence entre enfants d'Oléron et de Jarnac, passant des paysages aux écrivains locaux et récitant soudainement des vers de Cadiou, poète dont j'ignorais jusqu'au nom. Je vis alors l'œil intrigué de François Mitterrand, se disant : ce Bergé est certes courtisan mais d'une essence supérieure.

Mais si elle pouvait lui être de temps à autre utile, la passion de Bergé pour la littérature était absolue, dévorante, totalitaire. Il aurait tout donné pour être un grand écrivain. Ayant immensément lu, il y avait gagné une vraie plume, certes un peu apprêtée mais enlevée, qu'il laissa apparaître dans deux ou trois livres dont il n'imagina pas qu'ils puissent être publiés ailleurs que dans la « collection blanche » de Gallimard. Sans doute Pierre pensa-t-il que passer de la NRF à l'Académie française était dans l'ordre des choses : d'où une candidature absurde dont rien ne put le dissuader, y compris l'énoncé de la liste, non exhaustive, des ennemis qu'il s'était faits à cause de son argent trop ostentatoire, de son homosexualité triomphante et surtout d'un mépris dont il n'était pas économe. Mais Dieu merci ! Les misérables sept voix qu'il obtint ne le traumatisèrent guère et il se garda bien de récidiver.

Sachant sa fin approcher à grandes enjambées, Pierre organisa pour ses quatre-vingt-cinq ans le 14 novembre 2015 une fête qui se voulait un couronnement avec à ses pieds président de la République, Premiers ministres et notabilités de tous acabits. Las, le 14 était le lendemain du Bataclan et le mot par lequel il annula la fête fut d'une classe digne du prince de Ligne. Bergé était, en effet, un homme du dix-huitième siècle, mais bien davantage un aristocrate princier que le personnage des Lumières qu'il jouait à être.

Pourquoi ai-je autant aimé Bergé ? Au moment de sa mort, Florence Malraux, du fond de sa maladie de Charcot, me dit tout en un sms : « malgré tous les "malgré" je l'aimais ».

Pierre avait une relation compliquée, faite de fascination et de distance avec le monde juif; aussi aurait-il été surpris que je le qualifie de « mensch », ce mot yiddish qui s'applique aux individus faits d'une seule pièce, et avec lesquels on peut partir à la guerre sans craindre la trahison ou un coup de Jarnac – pour rester dans la topographie mitterrandienne.

Fernand Braudel

Civilisation matérielle, économie et capitalisme a sans doute été mon plus grand choc dans l'ordre intellectuel, au point d'en faire une boîte à outils pour mon premier livre *L'après-crise est commencé*. C'est dire que rencontrer Fernand Braudel m'émouvait autant qu'un jeune résistant FFI s'apprêtant à faire la connaissance du général de Gaulle.

Connaissant cette aspiration, Étienne Burin des Roziers m'offrit l'occasion de découvrir mon « grand homme ». Ambassadeur de France à Varsovie au moment où Braudel y dirigeait l'Institut français, il avait noué avec lui un lien très solide : complicité d'esprits supérieurs, connivence d'intellectuels français face à la tristesse de la Pologne communiste, sympathie de deux tempéraments puissants.

Fort du souvenir de cette rencontre, je demandai rendez-vous à Fernand Braudel afin de lui apporter, tremblant, ce livre, balbutiante application des trois ordres – la société, le marché, l'économie-monde – à l'Occident des années quatre-vingt. Quelles ne furent pas ma surprise et ma joie quand, après lecture, Braudel me dit qu'il avait toujours souhaité voir son appareil intellectuel servir de grille d'analyse au monde contemporain et qu'il validait l'exercice, au point de me proposer de lancer mon livre ! Ainsi lui, le légendaire historien, se balada-t-il de chaînes de radio en conférences pour débattre, sur un plan d'égalité, avec le blanc-bec que j'étais, dénué de cursus académique. Le geste m'impressionnait, me grandissait et m'émouvait.

S'établit, dès lors, une relation qui se perpétua jusqu'à sa mort. Étaient-ce une amitié, une relation filiale, un rapport de disciple à maître ? L'homme en imposait. Massif, tout d'une pièce, il appelait le respect et sans en abuser il savait le manier. Il y avait, chez lui, un côté « de Gaulle des sciences humaines », connétable du savoir et comme tous les grands hommes, il ne répugnait pas aux petitesses. Cohabitant dans la Maison des sciences de l'homme avec Jacques Le Goff, son successeur à la tête de l'École des hautes études en sciences sociales, il m'expliqua un jour, sans remords, avoir fait couper l'ascenseur au-delà du troisième étage, pour rendre un peu plus pénible la vie de ce dernier, et il en riait.

Il ne supportait pas qu'on le caricature en ennemi de l'histoire événementielle et en thuriféraire des seules séries statistiques. C'est pour le proclamer qu'il alla faire un cours dans un lycée de Toulon sur le siège de la ville par Bonaparte : incroyable leçon de finesse, de psychologie, de détails. Les événements étaient d'ailleurs au centre de sa *Méditerranée et le monde méditerranéen à l'époque de Philippe II*, monument qu'il rédigea en partie de mémoire pendant sa captivité dans un stalag allemand. Son *Identité de la France*, publiée tardivement, se situait dans le fil d'une histoire à la fois barrésienne – la singularité française – et extravertie – la démonstration du creuset d'immigration.

Ces deux livres m'impressionnaient mais ils n'auraient pas suffi à faire de moi l'admirateur éperdu de Braudel. Avec sa trilogie, j'ai eu, comme jamais, l'impression de comprendre le monde, de découvrir, sous une autre plume que celle de Marx, l'imbrication totale de la société, de l'histoire, de l'économie et donc l'impossibilité de penser l'un de ces trois piliers indépendamment des deux autres. De même m'a saisi une affirmation devenue, à mes yeux, un dogme : le marché est un état de nature, non de culture, de la société. Enfin l'économie-monde, concept que Braudel a emprunté à Wallerstein mais auquel il a donné une immense ampleur, m'est apparue le sésame pour comprendre le fonctionnement d'un capitalisme multinational qui a constitué le terreau de ma vie professionnelle. J'ai eu la conviction de pouvoir traverser des décennies de la vie économique, muni de ces concepts simples à énoncer, mais maniés par Braudel avec un esprit encyclopédique.

J'avais innocemment fait l'éloge, dans mon livre initiatique, du travail noir comme moyen que la société avait utilisé pour répondre à la crise et comme illustration de l'imbrication du quotidien et du marché. Cette affirmation était un peu iconoclaste au début des années quatre-vingt. Quelle ne fut pas ma surprise de voir Braudel rebondir sur cette idée et lui donner, dans des débats publics avec moi, la légitimation de son savoir et de son autorité ! Faire l'éloge, à mes côtés, de l'économie souterraine italienne semblait le réjouir et il alla jusqu'à me dire qu'il attendait l'occasion de s'y livrer et, honneur suprême pour moi, de me remercier de lui avoir donné l'opportunité de le faire.

Ardent praticien de la « superficialité profonde » et donc sur la défensive face aux caciques qui m'humiliaient de leur savoir académique et de leur impuissance conceptuelle, j'avais trouvé le meilleur des boucliers. Dans la bouche de Braudel, mes petites affirmations devenaient des vérités révélées. J'avais le sentiment d'être, pour lui, l'occasion d'un pas de côté, le prétexte à prendre à rebours une pensée universitaire dont il représentait la quintessence mais qu'il regardait avec hauteur.

L'âge venant, il est loisible de se demander si on a eu des maître à penser. Je crois avoir vécu cette relation avec Fernand Braudel. Avant de le connaître, à travers une dévotion intellectuelle. Pendant nos années de fréquentation, au vu de la fébrilité intimidée que je ressentais en allant le voir. Depuis sa mort, il y a quarante ans, en continuant à utiliser son appareil conceptuel avec fidélité, sans avoir ni l'idée, ni la volonté, ni l'envie de le soumettre à un examen critique. Au moins ai-je une certitude au regard des attachements intellectuels et idéologiques auxquels s'est livrée ma génération : ce n'était pas par comparaison le pire maître à penser !

Étienne Burin des Roziers

Seuls les gardiens du temple gaulliste connaissent encore ce nom. Étienne Burin des Roziers fut mon maître de stage à l'ENA à l'automne 1973, à la représentation permanente auprès de la Communauté européenne et devint un ami jusqu'à sa mort en 2012.

Pourquoi me fascina-t-il ? Il incarnait les preux chevaliers qui avaient suivi de Gaulle dès le début de la guerre et constituaient un ordre quasi féodal. Il n'était pas un des premiers compagnons puisqu'il ne rejoignit la France Libre qu'en avril 1942, d'abord auprès du général Catroux, avant de devenir officier d'ordonnance du Général et de le suivre ensuite à son cabinet à la Libération. Tout en poursuivant sa carrière de diplomate sous la Quatrième République, il demeura membre de la constellation de dévouements et de fidélités qui a accompagné, ces années durant, de Gaulle.

Celui-ci l'appelle en 1962 pour succéder comme secrétaire général de l'Élysée à Geoffroy de Courcel, le compagnon du 17 juin 1940 lors du vol pour Londres et donc le plus ancien dans le grade le plus élevé des membres de la confrérie gaulliste. Être choisi pour prendre la relève de Courcel ne pouvait être qu'un signe d'élection au sein de la chevalerie originelle du gaullisme. De De Gaulle, Burin des Roziers avait acquis l'allure, les tics de langage, une manière d'être mimétique. Du gaullisme, il était un pratiquant convaincu, voire un peu primitif. De la Cinquième République, il incarnait tous les codes.

C'est pourquoi il s'était glissé sans difficulté dans le pompidolisme. Lorsqu'un jour je l'interrogeai sur l'aisance avec laquelle les chevaliers du gaullisme avaient adopté après-guerre le petit professeur de khâgne à Henri-IV, dont les faits de résistance étaient encore plus ténus que ceux de Sartre, il me répondit d'un mot cursif : « C'était naturel ; il était tellement plus intelligent que nous tous. »

À Bruxelles, lorsque ses collègues parlaient anglais en réunion, il mettait, de façon ostentatoire, ses écouteurs, tout en les laissant subrepticement sur le canal anglais... Exemple, parmi tant d'autres, de micro-attitudes marquées au coin de la geste gaullienne.

À moi qui avais été élevé dans un milieu originellement communiste, et donc viscéralement hostile à de Gaulle, Burin offrit la première ouverture sur le monde gaulliste qui me fascina d'autant plus qu'il m'était étranger.

Les hasards de la vie me firent aussi approcher, moins intensément, Geoffroy de Courcel et j'étais frappé combien Burin et lui avaient des traits communs : une manière de se tenir, des expressions, des principes, des convictions si profondes qu'elles n'avaient nul besoin d'être formulées : la France, l'État et de Gaulle ne faisaient qu'un et ils en étaient les serviteurs. Mais, si proches que fussent les deux hommes, il y avait entre eux une hiérarchie implicite, liée à la date d'entrée dans la confrérie gaulliste : Courcel n'avait, par définition, aucun égal.

Il émanait de ces hommes une impression très particulière que je n'ai connue chez aucun autre responsable public : ils faisaient de la politique sans avoir le sentiment d'en faire ; leur action relevait d'un autre ordre, quasi spirituel.

Avec le cynisme qui était le sien, de Gaulle protégeait l'essence de son action, cette spiritualité que partageaient ses preux chevaliers, en réservant les basses œuvres dont il connaissait, depuis le BCRA, l'importance à un autre acteur, Jacques Foccart, spécialiste en coups tordus, manœuvres et ragots. Habile scissiparité, utile à la sauvegarde de la légende.

Avec Burin des Roziers, j'ai eu l'impression de côtoyer cet univers gaulliste qui mêlait la chanson de geste moyenâgeuse, la féodalité, le culte de l'État et une bonne conscience sans doute délicieuse à vivre.

Roger Fauroux

Patron de Saint-Gobain, directeur de l'ENA, ministre, Roger Fauroux était devenu au fil du temps une conscience et une référence morales, un Badinter discret et peu connu du grand public.

Il fut mon patron mais ce n'est pas à ce titre qu'il m'a marqué pour la vie : j'ai connu, au cours du temps, de meilleurs industriels. C'est sa relation à la religion qui m'a toujours fasciné. C'était un disciple lointain de Jules Isaac à propos de la réconciliation entre le catholicisme et le judaïsme. Mais il ne s'agissait pas simplement pour lui de participer au grand mouvement de remords de l'Église vis-à-vis des Juifs dont le concile de Vatican II avait constitué un point d'orgue, c'est-à-dire la renonciation à la croyance en un peuple déicide et la reconnaissance du lien consubstantiel entre les deux religions.

J'étais fasciné par le fait que Fauroux avait appris l'hébreu pour écrire une thèse de doctorat sur l'imbrication entre judaïsme et catholicisme. Pour lui, le judaïsme était la matrice du catholicisme et les deux religions étaient jumelles. Certes, Jésus n'était pas le Messie toujours attendu par les Juifs car s'il l'avait été, les deux croyances n'en auraient fait qu'une, mais l'une découlait de l'autre. Il y avait chez Fauroux l'étrange regret de ne pas être juif et il me faisait grief de ne pas tirer davantage parti de mon judaïsme et de n'y voir qu'une dimension seconde de ma personnalité. Il m'emmena à Jérusalem, lui, le catholique, en espérant me ramener dans le droit chemin. Tentative sympathique et vaine !

J'étais impressionné quand faisait irruption dans un dialogue banal le cœur de la doctrine catholique. Ainsi, peu après l'élection de Jean-Paul II, à une remarque de ma part sur la chance qu'avait eue l'Église de voir disparaître Jean-Paul Ier et d'être capable d'élire Wojtyla, il me répondit tout de go : « Vous ne pouvez pas comprendre, c'est la Providence ! »

J'avais défendu, dans un livre, une thèse très laïque d'esprit, partant du fait que, suivant un mot de Jorge Semprún, « les religions sont des sciences de la consolation » et que, par conséquent, leur « part de marché » est proportionnelle à l'intensité de la consolation qu'elles offrent. D'où la domination du catholicisme qui permet, grâce à la confession, l'oubli des péchés et qui promet un au-delà dans lequel chacun retrouvera les siens : c'est, en effet, une religion qui peut, à bon droit, se proclamer porteuse d'espérance.

Rien de commun avec le calvinisme, dont le déterminisme est terrifiant : votre sort est scellé, quoi que vous fassiez sur terre, en fonction de la grâce irréversible dont vous bénéficiez ou non à votre naissance. C'est l'inverse de l'espérance. Quant au judaïsme, c'est une religion sans Dieu et sans au-delà : elle ne distille pas d'autre espoir que la transmission.

Face à ce raisonnement certes sommaire, je ne m'attendais pas à la réaction de Fauroux. J'étais convaincu que sa foi ne relevait pas du pari pascalien, donc d'une approche pessimiste, mais qu'elle était portée par l'espérance, image d'un catholicisme optimiste et souriant. Quelle ne fut pas ma surprise de lire sous sa plume : « Je vais donc te chercher querelle à propos de l'hommage ambigu que tu rends à l'Église catholique décrite comme une admirable machine à fabriquer de l'espoir. C'est sans doute vrai de la liturgie résolument consolatrice qui se déploie lors des obsèques religieuses où nous nous sommes parfois retrouvés. Mais pour le reste et en raison de son ADN juif dominant, le christianisme me paraît avoir une prédilection pour les contraires, les personnages contradictoires et les béatitudes entremêlées de malédictions. Je décrirais de l'intérieur l'engagement chrétien comme une randonnée montagnarde sur un sentier escarpé avec de temps à autre de belles échappées dans des horizons ensoleillés mais avec pas mal d'épisodes brouillardeux quand les nuages sont bas. Rien à voir, en tout cas, avec un contrat d'assurance tous risques. » Texte admirable dont un athée, intellectuellement passionné par les religions, peut faire son miel.

Pour qui projette chez le catholique une image inversée de la sienne, aussi certain de l'existence de Dieu et de l'espérance qu'il est lui-même convaincu que rien ne vaut rien et que tout finira en poussière, il est fascinant de connaître un croyant en souffrance, en doutes, en incertitudes. C'est un univers à rebours de mes présupposés que Roger Fauroux m'a fait découvrir. Il l'a rendu, à mes yeux, plus riche, plus complexe, plus intéressant.

On peut être attaché à quelqu'un dans toutes ses dimensions ; on peut l'être aussi pour une seule facette de sa personnalité. Fauroux conscience morale m'était sympathique ; Fauroux catholique torturé me subjuguait.

François Furet

Une page de son manuscrit sur Mirabeau, des lunettes dépliées, un stylo dont le capuchon n'a pas été remis en place et dix mètres plus loin, sous un pommier, son cercueil. Entre les deux, un smash raté lors d'une partie de tennis, une chute sur la tête… Je vis, depuis 1997, avec cette image liée à la mort de François Furet, telle une philosophie de l'aléa et du dérisoire. Mais en parallèle, résonne le rire gargantuesque d'un homme si éloigné de la froideur que l'on prête aux grands intellectuels.

J'ai connu François Furet président de l'École des hautes études en sciences sociales, doyen du département des sciences humaines de l'Université de Chicago. C'était le début des années quatre-vingt et il nous annonçait, à travers l'observation des prémices du mouvement « PC » – *politically correct* –, l'avènement de ce qui deviendrait le wokisme, proclamant devant nous qui l'imaginions excessif : « C'est une dictature qui va tout emporter sur son passage. » Bien vu, quarante ans avant !

Démonstration, s'il en était besoin, qu'un esprit supérieur peut à la fois bousculer l'historiographie révolutionnaire et sentir les soubresauts de la société ; c'est ce double regard auquel tenait tant Furet qui en fit la figure emblématique de la fondation Saint-Simon. Née d'une réflexion partagée entre lui, Roger Fauroux, Pierre Rosanvallon et moi, elle visait, dans la France en guerre civile froide des années quatre-vingt, à détruire les barrières. Barrières entre les camps politiques. Barrières entre les mondes économique et intellectuel. Barrières entre scientifiques « durs » et scientifiques « mous ».

François Furet régnait sur un aréopage qui permettait de mesurer son magnétisme ; il avait réuni la quintessence de l'intelligentsia, de Foucault à Le Roy Ladurie, de François Jacob à Jacques Julliard, de Pierre Nora à Mona Ozouf, personnalités individualistes que seule son autorité amenait à accepter un cadre collectif. Quant aux patrons, journalistes, avocats, ils voulaient bien, tous, se réunir sous sa férule, tant son ascendant était grand. Les hommes d'affaires avaient l'impression de ne pas être méprisés ; les journalistes reconnaissaient un intellectuel qui aimait pratiquer leur métier ; les maîtres du barreau s'effaçaient, ce qui ne leur est pas familier, devant un esprit supérieur.

L'ampleur du compas intellectuel nous fascinait tous. Furet était aussi à l'aise pour disserter sur la politique électorale que sur Tocqueville, sur les enjeux économiques que sur Danton, sur les querelles philosophiques du moment que sur le grand choix macroéconomique de mars 1983. Il ne résistait pas, de temps à autre, à rappeler la hiérarchie des intelligences – la sienne au sommet – par une saillie violemment ironique dont il effaçait immédiatement les cicatrices par un éclat de rire communicatif.

L'angoisse des intellectuels, c'est-à-dire le rêve d'une postérité, lui était étrangère. Sans doute parce que, trop nihiliste, il ne pouvait s'empêcher de penser que rien ne vaut rien mais aussi parce que, si par inadvertance, un tel fantasme traversait son esprit, il avait la certitude d'avoir laissé une trace : nul ne pourra *Penser la Révolution française* (titre de son magnifique ouvrage) après lui, comme il le faisait avant.

Il a certainement rêvé d'imprimer sa marque, après la chute du communisme, sur une autre question essentielle : le parallélisme, voire la ressemblance entre les deux totalitarismes du vingtième siècle, le stalinisme et le nazisme. *Le Passé d'une illusion* portait une telle ambition prométhéenne mais, malgré la révérence de la presse et des médias, la thèse ne mordit pas. Pour ma part, ce fut la seule fois où je me sentis l'audace de contester le concept fondateur de Furet : le parallélisme des deux doctrines et l'identité des deux systèmes. Je ne cessais de lui opposer un raisonnement de bon sens. Le militant communiste était un brave type, aux illusions pures, alors que le membre du parti nazi croyait à la race supérieure et à l'exigence de se débarrasser des races inférieures. Mais Furet n'a jamais accepté mon objection : il y voyait sans doute l'irénisme d'un enfant de communistes. Comme tous les anciens membres du PC, il éprouvait le besoin – comme disent les Anglais – de « jeter le bébé avec l'eau du bain ».

Fort de l'influence de ses ouvrages magistraux, Furet traitait le pouvoir politique avec distance. Il l'avait approché lorsque, dérogeant aux usages académiques, il était entré après les événements de 1968 au cabinet d'Edgar Faure. Il n'avait certes pas reproduit l'expérience mais acceptait d'avoir une relation suivie avec les hommes aux manettes, pour autant qu'ils n'essaient pas de le manipuler. Il y avait, chez Furet, un culte du « dedans-dehors » si cher aux psychanalystes et c'est à l'abri de ce confortable parti pris qu'au grand dam de maints de ses amis, il se fit élire à l'Académie française. La mort lui interdit d'y être reçu, de sorte qu'il est resté, vis-à-vis de cette institution, dans un « entre-deux » qui, au fond, lui allait assez bien.

Furet était devenu un monstre sacré de la scène intellectuelle mais il n'en était pas dupe, s'en amusait et ne cédait jamais à l'hubris. Il réservait certes son indulgence à ceux qu'il aimait et pouvait être d'une ironie dévastatrice à l'égard de ceux, innombrables, qu'il méprisait, moins pour leur médiocrité que pour leur prétention. Il était capable de dire d'un penseur crédité d'une immense réputation : « Je lui ai rendu un épouvantable service, je lui ai fait croire qu'il était un intellectuel. » Au lecteur de deviner à qui s'adressait cette saillie.

Ce personnage compliqué était trop rationnel pour laisser la moindre place à une forme de foi. Aussi, cette femme admirable qu'est Mona Ozouf, plus proche amie de François et organisatrice de ses obsèques, eut-elle raison de clore son témoignage par la lecture des dernières lignes du premier tome des *Mémoires d'outre-tombe* dans La Pléiade : « Je me décourage de durer. Ah ! si du moins j'avais l'insouciance d'un de ces vieux Arabes de rivage, que j'ai rencontrés en Afrique ! Assis les jambes croisées sur une petite natte de corde, la tête enveloppée dans leur burnous, ils perdent leurs dernières heures à suivre des yeux, parmi l'azur du ciel, le beau phénicoptère qui vole le long des ruines de Carthage ; bercés du murmure de la vague, ils entr'oublient leur existence et chantent à voix basse une chanson de la mer : ils vont mourir. »

Jacques Julliard

Un livre suffit à métamorphoser l'estime en admiration.

J'ai en effet estimé Jacques Julliard pendant des décennies. Son énergie intellectuelle mise au service, non de la politique classique, mais du syndicalisme. Sa volonté d'ancrer les syndicats dans l'histoire par ses recherches. Son inlassable activité d'éditorialiste, toujours un peu décalé : tantôt gaulliste, tantôt fédéraliste européen, toujours social-démocrate mais plus ouvert aux frémissements populistes que la gauche bien-pensante, lucide sur les réalités économiques mais fidèle aux pulsions anti-argent du catholicisme, rocardien viscéral mais fasciné par Mitterrand, prêt à monter au front des pétitions mais sceptique sur ce mode d'action, attaché à l'alliance des intellectuels et du peuple sans la moindre trace de marxisme. Une pensée complexe, contradictoire, atypique, servie par une plume éblouissante, un style grande époque relevé par une ironie ravageuse, des éclairs fugitifs de méchanceté, un sens et un goût innés de la formule.

L'individu était à l'unisson de son esprit : ouvert, curieux, chaleureux, amical, fidèle. Un être éminent mais pas un être d'exception. Et surgit un livre : *Carnets inédits*. D'habitude on entrouvre ce genre d'ouvrages, convaincu de lire les brouillons d'un auteur prolifique qui vide ses tiroirs à la fin de sa vie. Mais là, une lecture miraculeuse ! On y retrouve tous les traits de Julliard, mais portés au niveau supérieur. L'intelligence est incandescente, la culture encyclopédique, la curiosité universelle ; l'originalité de l'esprit suinte à chaque ligne. C'est un éblouissement et on ne peut s'empêcher de se demander pourquoi Julliard, pendant toute sa vie, a, tel un sportif, joué en dessous de son niveau. Pourquoi a-t-il gardé, pour ses seuls *Carnets*, ce surcroît de talent ? Pourquoi n'est-il pas allé, dans sa carrière publique et dans son œuvre publiée, jusqu'à la limite de ses forces ? Pourquoi ne s'est-il pas installé au centre de la sphère intellectuelle et s'est-il contenté d'y jouer un rôle parmi d'autres, moins brillants que lui ? Le Julliard des *Carnets* est sans égal et aurait, pendant des décennies, dominé la vie de l'esprit en France.

Toutes ses contradictions se seraient ordonnées en un système de pensée sans équivalent. Aucun éditorialiste, aucun intellectuel, n'aurait pu rivaliser avec ce Julliard-là. A-t-il livré ses *Carnets intimes* comme pour avouer un remords de ne pas avoir joué son vrai rôle ? Il aurait été un maître à penser unique, tant son spectre intellectuel était large : un Aron doté d'une plume, ce qui n'était pas le cas de l'auteur de *L'Opium des intellectuels* ; un Jean Daniel plus cultivé et dénué de narcissisme ; un Revel plus humain et plus ancré dans la réalité sociale.

Le vrai modèle de Julliard n'est pas son Bernanos chéri mais Péguy, qu'il idolâtrait. Il épousait, autant que lui, des postulations en apparence contradictoires : catholique et laïc ; nationaliste et internationaliste ; élitiste et proche du peuple ; tendre et violent. Mais il lui manquait l'énergie vitale du patron des *Cahiers* ; il était trop épicurien pour en partager l'ascèse ; il avait trop d'aptitude au bonheur pour manifester la même rage vindicative.

Ainsi, depuis les *Carnets intimes* s'esquisse, à mes yeux, un Julliard imaginaire. J'ai aimé le Julliard réel ; j'aurais été fasciné par le Julliard virtuel.

Georges Kiejman

Avant les obsèques de Georges Kiejman, je m'étais posé deux questions. Grand officier de la Légion d'honneur, avait-il exprimé la volonté d'être accompagné à sa dernière demeure par les honneurs militaires auxquels il avait droit ? Juif laïc, avait-il voulu marquer sa fidélité communautaire par la présence d'un rabbin et la récitation du kaddish, cette prière rituelle des morts ? J'avais parié : oui aux gardes républicains, non au rabbin. J'ai eu raison sur le premier point et tort sur le second, encore que, présidée par Delphine Horvilleur, la cérémonie ne pouvait qu'être marquée par une religiosité peu agressive. S'ajoutait à ces obsèques une troisième dimension, hautement symbolique de ce que fut la vie de Kiejman : deux discours subtils et raffinés de femmes qui, habilement choisies, n'étaient pas d'anciennes amantes mais de vraies amies.

L'ambition, l'identité, les femmes : les trois ressorts de la vie de Kiejman qui se croisent, s'entremêlent, se heurtent avec, pour faire le lien entre elles, le brio bien sûr, la fragilité escamotée et *supra omnes* la séduction. J'ai vu naître la relation entre Georges et Mitterrand. Celui-ci le faisait chevalier de la Légion d'honneur : il s'amusa, de manière perverse, à ne jamais citer le nom de Pierre Mendès France, héros, idole, substitut de père aux yeux du récipiendaire. Je sentis dans le regard de Kiejman un défi : « Puisque tu me traites ainsi, je vais me venger en te séduisant et tu vas tomber dans mes filets. » Sauf qu'au jeu de la séduction, Georges a eu affaire à un acteur plus fort que lui et c'est lui qui succomba au charme du président. Fascination du pouvoir, concours d'érudition entre les deux hommes, connivence de deux immenses lettrés, désir du roi vieillissant de s'entourer d'interlocuteurs à la conversation chatoyante, un lien s'était établi : distraction pour Mitterrand, dévotion pour Kiejman.

Le premier en a-t-il joué pour se servir du second, fils de déporté, comme bouclier face au scandale Bousquet ? Imaginable mais non certain. Kiejman ne s'est jamais remis de cet épisode. Pensait-il que le président l'avait utilisé ? Se sentait-il humilié de s'être laissé manipuler ? Ressentait-il une brûlure incandescente, lui dont le père avait été emporté par la Shoah, à avoir tenu un rôle contre nature ?

Sans doute l'épisode clôtura-t-il une ascension dans la société qui avait connu plusieurs cheminements.

Celui du talent au premier chef : Kiejman était un artiste de la plaidoirie. Brillantissime, drôle, cultivé, sarcastique, destructeur, poétique, inattendu : qui l'a entendu plaider ne pouvait que se lamenter devant l'absence de trace orale ou écrite de l'exercice. Et, comme tous les grands avocats, Georges était meurtri qu'il ne reste rien de ces morceaux de bravoure qui relevaient d'un des beaux-arts. Ni bande-son, ni image, ni texte en général : cette absence de traces est l'explication de la volonté de tous les grands plaideurs de s'inventer sur le tard une nouvelle vie.

Cheminement, il faut le dire, par la séduction à l'égard des femmes : Françoise Giroud s'est plu à raconter le bonheur qu'elle a offert à Georges, devenu son amant, en le faisant pénétrer dans le saint des saints de la littérature, la maison Gallimard, et en le faisant accéder à son univers journalistique et culturel. Ses relations ultérieures, épouses ou amantes, ont toutes ajouté leur pierre à l'ascension de Georges en lui faisant don de leurs réseaux artistiques, cinématographiques, aristocratiques.

Cheminement enfin par la politique. Dans la passion de Kiejman pour Mendès France, son seul grand homme, se mêlaient le sens de l'intérêt général – soutenir un responsable dont il était convaincu qu'il pouvait sauver le pays –, le bonheur de servir celui qu'il prenait pour un personnages hors normes et la quête d'un père de substitution aussi fascinant que son père naturel ne l'avait pas été, bien que sublimé par le drame de la déportation.

Mitterrand n'a jamais joué un tel rôle pour Georges : c'était au fond une relation utilitaire des deux côtés, l'un se réjouissant d'avoir un commensal hors pair, l'autre se rengorgeant d'être au cœur du réacteur nucléaire que représente le pouvoir.

Kiejman aurait été, au fond, un Rastignac de niveau supérieur, s'il n'y avait à tout instant la fragilité rémanente du jeune Juif, caché pendant la guerre au fin fond du Berry, l'angoisse du fils de déporté, la honte de l'analphabétisme de sa mère avec, pour compensation, une passion absolue pour la littérature et en surplomb le sentiment viscéral que le pire peut, à tout moment, arriver.

Dans l'affection qui nous liait, il y avait chez Kiejman la conviction que, bien que non confronté à une situation similaire, j'étais, plus que les autres, à même de le comprendre et, sans entrer dans une psychanalyse de bistrot, d'en deviner les racines, les manifestations, l'obsession. Kiejman était laïc, dénué de toute culture juive, éloigné de tous les rites religieux, au point de préférer *Les Misérables* à l'Ancien Testament et la *Recherche du temps perdu* au culte du Talmud.

Israël était loin de ses préoccupations : c'était un pays qui lui était étranger. Et pourtant il cédait – et le reconnaissait – à l'« Angst[1] » juive car celle-ci rimait avec la blessure, jamais cautérisée, de l'extermination de son père, et donc de la Shoah. « Juif berrichon », répétait-il en guise d'autodérision : juif évidemment, berrichon puisque caché pendant l'Occupation, il avait été écolier et enfant de chœur, à l'ombre du château de Saint-Amand-Montrond qu'il retrouvera, par une ruse de l'Histoire, trente ans plus tard car appartenant à sa belle-famille : formidable raccourci d'une vie telle que Kiejman l'a bâtie sans qu'elle l'ait sans doute rendu pleinement heureux.

Georges était « trop ». Trop brillant, trop rapide, trop cultivé, trop séducteur, trop narcissique et il le savait : cette course sans fin ne pouvait trouver son aboutissement car elle n'avait aucune chance d'effacer la blessure originelle du père exterminé et de la mère qui lui avait tant donné et à laquelle il s'en voulait d'avoir si peu rendu. Ce sont cette tension, cette réactivité toujours à vif, ces emportements, qui rendaient toute relation, si affectueuse fût-elle, jamais apaisée et sereine, mais d'une valeur et d'une saveur si particulières.

---

1. Angst : peur en allemand.

Claude Lanzmann

La seule fatwa que j'aie jamais reçue a été signée par Claude Lanzmann. Propriétaire, à ses propres yeux, de la marque « Shoah », il avait jeté un anathème sur *La Liste de Schindler*, le film de Steven Spielberg. Nous étant élevés, Anne Sinclair et moi, dans un article publié dans *Le Nouvel Observateur*, contre cet ukase qui nous semblait aller à l'encontre d'une habile pédagogie de la réalité concentrationnaire, je fus victime d'une proscription de trois ans. Hypermnésique, Lanzmann se souvint de ces trois ans et une fois la période achevée, reprit langue avec moi, comme si de rien n'était.

Incident à l'image de l'homme. Immense personnage, brutal et tendre, follement séduisant, puissamment charismatique, convaincu de son talent, voire de son génie, d'une abyssale mauvaise foi, sculptant inlassablement sa statue, nous récitant in extenso les *Oraisons funèbres* de Bossuet de sa voix caverneuse, dissertant sur l'injustice qu'il subit en repassant dix-neuf fois (!) le code du permis de conduire qu'il avait perdu en rejoignant à plus de 200 kilomètres/heure sa petite amie en Suisse, revenant sur les années Sartre, telles qu'il les avait vécues en disciple zélé, s'étendant à loisir sur sa période Simone de Beauvoir, lui le seul homme, prétendait-il, à l'avoir fait jouir.

C'était Gargantua. Un Gargantua de la vie, de l'esprit, du plaisir, de la colère. Mais il y avait, en surplomb, la certitude écrasante d'avoir fait, avec *Shoah*, une œuvre immense, d'être bien davantage que Primo Levi, Jorge Semprún, Elie Wiesel, le « Victor Hugo » de la déportation. Il était convaincu d'avoir changé le regard sur les camps, la manière d'en parler, le sentiment de sidération, et d'avoir généralement fait du silence et de l'absence d'images les moyens d'expression les plus puissants.

Je n'ai pas connu le Lanzmann d'avant *Shoah* mais je n'ai pas de difficulté à l'imaginer : journaliste à la plume acérée, Don Juan de la communauté existentialiste, petit télégraphiste au service de Sartre, amant flatté de son rôle auprès de Simone de Beauvoir, tueur à gages – dans l'ordre intellectuel s'entend (!) – au service du pape de l'existentialisme. Un personnage, en un mot, comme le Paris de l'intelligentsia en sécrète et dont, parfait chef de bande, Sartre avait trouvé le meilleur usage.

Le Lanzmann d'après *Shoah* avait, lui, le sentiment gratifiant d'être entré dans l'Histoire. La « gravitas » lui était tombée dessus. Il le savait et jouissait du fait que sa parole avait changé de nature, qu'elle avait, désormais aux yeux de tous, une densité particulière. Mais derrière le Lanzmann en majesté, réapparaissait à l'occasion Gargantua. C'est ce dernier qui me mit un jour entre les mains un dossier en le qualifiant de trésor. C'étaient les lettres d'amour, parfois torrides, que lui avait adressées Simone de Beauvoir au moment où elle écrivait – paradoxe des contraires – *Le Deuxième Sexe*. Il voulait mon avis sur la possibilité de les vendre malgré le veto de la fille adoptive de Beauvoir qui se vengeait de lui en le bloquant au titre du droit moral. Or, cette cession était essentielle car il voulait impérativement acheter la plus puissante des Audi A8 pour conduire à plus de 200 kilomètres/heure. C'était tout Lanzmann : un pot-pourri où l'on retrouvait Beauvoir, une envie d'enfant, la haine inextinguible de la fille adoptive, sa propre violence contre celle-ci, un mélange de hauteur et de petitesse.

Volubile à l'excès, dénué de surmoi, Lanzmann gardait en revanche cadenassés les souvenirs de sa relation avec Sartre, au-delà d'anecdotes sympathiques mais sans intérêt. Gardien attentif, voire besogneux du temple, *Les Temps modernes*, il n'émettait ni critique rétrospective, ni remords de l'adoration passée, ni jugement autonome. Était-il encore, trente ans après la mort de Sartre, sous emprise ? Mesurait-il les écarts de pensée, les faux pas, les erreurs de jugement de celui qui fut son maître ? Se refusait-il à déboulonner l'idole, par peur de vivre une telle action comme le reniement de sa propre vie ? Dans les six cents pages, toutes dictées – ce qui témoignait de sa maestria stylistique – du *Lièvre de Patagonie*, on trouve mille anecdotes relatives à Sartre mais ni jugement, ni critique, ni « autoanalyse ».

J'ai cherché maintes fois et toujours en vain à percer ce coffre-fort : Lanzmann ne s'énervait pas ; il se contentait de dévier la conversation en prenant, lui le roi de l'anathème et du jugement brutal, des voies de traverse, tel un jésuite gêné. C'était le même homme, gardien du temple sartrien, épigone de celui qui avait refusé le Nobel de littérature, qui aimait arborer ses décorations, ses grades successifs dans la Légion d'honneur, ses photos des cérémonies de remise, tel un bourgeois de province grisé. Le même qui vous passait et repassait inlassablement les images de l'inauguration à Tel-Aviv de la « promenade Claude Lanzmann ». Mais il suffisait, quand il se rapetissait à vos yeux, sans même le savoir, de se dire qu'on avait affaire au père de *Shoah* et l'admiration vous submergeait à nouveau. Ce sont ces sentiments contradictoires que j'ai tant aimés avoir en face de Lanzmann, alternant l'ironie et l'admiration, l'exaspération et la déférence, la tendresse et la distance.

Pierre Mauroy

Août 1981. La gauche conquérante, la France passée de « l'ombre à la lumière » comme avait osé le dire Jack Lang, des promesses qui tombaient aussi dru qu'une pluie d'été, une atmosphère d'irréalité.

Seul inspecteur des Finances que connaissait de longue date Pierre Mauroy, me voilà, à peine assis en face de lui pour déjeuner, l'entendant me dire : « Nous sommes bien d'accord ; nous allons dans le mur en klaxonnant ? » Lui, le Premier ministre au lyrisme suranné, prêt à faire pleurer les Français sur la classe ouvrière meurtrie au pied des terrils, faisait preuve d'une lucidité rarissime au sein d'un monde mitterrandien autant émerveillé par les fastes du pouvoir que par les miracles d'une économie-vaudou.

Le même, un an plus tard, au moment du sommet du G7 à Versailles, agrémenté d'une nouvelle crise du franc, que je trouve rangeant ses affaires dans son bureau : « Delors m'a transmis une note pour le président fondée sur le blocage des prix. J'ai ajouté le blocage des salaires ; je pense ne plus être là demain. »

Toujours le même, quelques mois plus tard : « Je vais attendre Mitterrand à Orly pour le voir en tête à tête et lui arracher l'autorisation de fermer la sidérurgie à Denain (donc dans le Nord, à quelques encablures de Cartignies, sa ville de naissance), que Fabius veut empêcher. » Du côté Mauroy, une lucidité qui est affectivement un déchirement ; du côté Fabius, un exercice de cynisme démagogique. Combien de phrases aussi réalistes ai-je entendues chez Mauroy, à l'instar de son mot légendaire, lorsque Mitterrand lui propose en 1983 de rester Premier ministre à condition de changer de politique et de faire sortir la France du système monétaire européen : « Je ne sais pas conduire sur le verglas » ?

Pour qui a vécu les deux années d'emballements, d'illusions, de fantasmes que furent 1981 et 1982, Pierre Mauroy représentait une merveilleuse anomalie humaine. Au sein de tous ces gens qui n'avaient à la bouche que le mot classe ouvrière et qui n'en connaissaient rien, Mauroy était un des très rares à avoir une perception charnelle du prolétariat et du peuple de gauche. Alors qu'eux se rengorgeaient, au nom du socialisme, lui se savait social-démocrate, même si son expérience du PS lui enseignait l'hypocrisie sur ce sujet et la prudence de ne pas employer ce mot sacrilège. Cet homme du Nord était, mitoyenneté oblige, un social-démocrate à l'allemande : bâtisseur dans sa région, partisan d'un équilibre entre l'État et les partenaires sociaux à l'échelon national. Car, même à Matignon, il ne perdait jamais de vue les intérêts du Nord : ainsi s'est-il battu comme un lion afin que Paris-Londres passe par Lille, ce qui est un chemin bien détourné pour rejoindre Calais…

Comme Premier ministre, je l'ai vu prendre une initiative qu'aucun de ses successeurs n'a jamais réitérée : il réunissait tous les jeudis à 8 heures un groupe complètement hétéroclite, mêlant gens de terrain, militants associatifs, syndicalistes, universitaires avec un contingent issu de la bourgeoisie – nous étions deux ; il faisait passer tous les projets gouvernementaux devant cet aréopage surréaliste, s'exprimait peu, écoutait beaucoup. Afin de regarder les questions moins immédiates, il nous entraînait de temps à autre une journée entière à La Lanterne, à l'époque apanage du Premier ministre. D'une certaine façon, il s'était inventé sa « convention citoyenne » mais elle avait deux mérites par rapport à celles qu'en quête d'innovations le pouvoir actuel a mises en place : elle ne relevait pas d'un tirage au sort, mais du choix de participants qui inspiraient personnellement confiance à Mauroy ; elle était secrète.

Mauroy avait tous les attributs d'un homme politique à l'ancienne : cumulard au-delà du raisonnable, roi à Lille et prince à Paris, il n'avait jamais perdu son ancrage dans la réalité et était mû par un sens aigu de l'intérêt général. À contre-courant d'un monde politique dominé par le narcissisme des grands acteurs et façonné par le choc des ambitions personnelles, il cherchait à « servir ». Servir ses compatriotes du Nord, servir les catégories sociales dont il était proche, servir l'intérêt national, servir le rêve européen. C'était un homme aussi désintéressé qu'un politique peut l'être.

J'ai certes connu des hommes d'État plus impressionnants, plus brillants, plus séduisants mais c'est sans doute pour Mauroy que j'ai éprouvé le plus de respect. Il pensait juste, était dénué de la moindre perversité, ce qui ne l'empêchait pas d'être habile, et son désir de bien faire n'était perturbé par aucun débordement de sa personnalité. Il était, à maints égards, aux antipodes de François Mitterrand mais il faut rendre grâce à ce dernier d'avoir eu l'intuition et la hauteur de vue requises pour choisir comme Premier ministre un homme aussi différent de lui et qui lui a rendu la monnaie de sa pièce en l'empêchant en 1983 de faire sortir le franc du système monétaire européen et donc d'entraîner la France dans un désastre.

Yves Montand

« Si je suis à l'Élysée, je veux que tu sois mon Premier ministre. » Yves Montand est le seul homme public qui m'ait jamais proposé Matignon. C'était l'époque où des sondages évidemment fallacieux lui faisaient entrevoir un destin national ; il était tiraillé entre un reste de bon sens qui lui permettait de ne pas tomber dans le piège et une réelle envie de croire à ce cheminement surréaliste.

C'est l'incroyable succès de « Vive la crise ! » en 1984 qui avait commencé à susciter un tel fantasme. Celui-ci réconciliait l'acteur et l'homme engagé dans une synthèse narcissique que nul n'avait prévue. Aventure improbable qui associait un mythe vivant et la fine pointe de la technocratie progressiste. Avec Montand nous avions trouvé le meilleur porte-parole imaginable et lui, follement respectueux de ceux qui savaient, s'était donné le sentiment d'être l'un d'eux.

Morte en 1985, Simone Signoret n'était plus là pour remettre un peu de raison dans nos dérapages communs. Pour nous, les hauts fonctionnaires réformistes, Montand était un miracle : il était prêt à mettre son mythe au service de nos idées et nous pensions avoir trouvé un porte-parole qui, à la différence d'un homme politique, par nature cynique, ne nous utiliserait pas avant de nous jeter au profit d'une escouade de purs courtisans. Côtoyer la quintessence de l'élite à la française participait du désir obsessionnel de cet autodidacte de pénétrer, à son tour, le monde du savoir. Il le faisait avec autant de persévérance que d'ingénuité.

La dernière fois que je le vis, deux semaines avant sa mort, il fit venir son petit garçon, Valentin, âgé de deux à trois ans, le mit en valeur puis, l'enfant parti, me demanda : « Tu penses que le mieux pour lui est Harvard ou Oxford ? » avec les r roulants que son zeste d'accent méditerranéen ajoutait à ces deux mots.

Nous devions faire ensemble, lui et moi, un débat pour *Match* à propos de mon livre *La Machine égalitaire* (1987) et il me dit : « Tu sais, la différence entre nous, c'est que tu lis cent pages à l'heure et moi vingt. » Il utilisait un stylo à quatre couleurs, comme les collégiens en avaient à l'époque, et soulignait ligne à ligne avec un code personnel pour leur emploi : le rouge pour l'essentiel, le vert pour les formules – je ne me souviens pas des deux autres couleurs. Chacun sait que Montand chanteur travaillait comme un fou pour générer une impression d'absolue facilité et que Montand acteur préparait ses prestations au millimètre. C'est dire combien Montand intellectuel amateur était délibérément laborieux et, tel un alpiniste, assurait chaque prise avant la suivante.

De même que Signoret avait été si longtemps la conscience d'Yves, Jorge Semprún était son mentor politique. Couple marqué par une fraternité amicale, comme parfois deux hommes l'atteignent. Une fascination de la part de Semprún à l'égard de ce mythe vivant que lui-même, superbe Don Juan, regardait avec en filigrane la légende de Marilyn, mais aussi une estime pour cet esprit instinctif aux réflexes aux antipodes des siens. Le tout agrémenté du souvenir d'aventures communes : *La guerre est finie*, *L'Aveu*, *Z* et d'innombrables manifestations, pétitions, protestations. Semprún ressentait une fierté silencieuse d'être le point d'ancrage de cet individu hors normes.

De la part de Montand, il y avait une dévotion à l'égard d'un esprit supérieur qui le traitait d'égal à égal, un respect devant un itinéraire de vie qui allait de Buchenwald à la direction clandestine du parti communiste espagnol, le sentiment de demeurer un « petit chose » en face de ce puits de culture. Sans Semprún, Montand aurait peut-être dérapé, se présentant à l'élection présidentielle et s'écrasant dans le ridicule. Mais sans Montand, Semprún serait peut-être demeuré un esprit éthéré : le « petit Livi », qui affleurait toujours chez le « grand Yves », le ramenait à une réalité et à une simplicité que son goût du débat philosophique lui faisait quitter de temps à autre.

J'ai surtout connu Montand dans ses lieux : la Roulotte place Dauphine, la Maison Blanche à Autheuil et à Saint-Paul de Vence où il se promenait, tel un jardinier sur ses terres, donc dans des situations sans ostentation et sans jeu de rôles. La diva affleurait néanmoins derrière la simplicité rustique. Montand était double : mythique et naturel, en représentation et authentique, conscient de sa position et d'une simplicité désarmante, dénué de toute hypocrisie et néanmoins retors.

Aurait-il fait au fond un bon homme politique ? La question paraissait saugrenue et nous tous qui l'aimions n'avions de cesse de lui éviter de se jeter dans une impasse. Avec le recul du temps – Berlusconi poussant la chansonnette, Trump passé de promoteur immobilier et animateur de télévision à l'homme le plus puissant du monde, et surtout Zelensky, ce comédien métamorphosé en Churchill du vingt et unième siècle –, sommes-nous sûrs d'avoir eu raison de briser la tentation électorale de Montand ?

Simon Nora

J'ai trop aimé mon père de sang pour dire que j'ai eu un père adoptif. Mais Simon Nora a néanmoins joué ce rôle pour moi. Il a commencé par me faire un cadeau royal : me choisissant en 1977 comme « petite main » pour le rapport sur l'informatisation de la société que lui avait commandé Valéry Giscard d'Estaing, alors président de la République. Il aurait pu me transformer en un « nègre » diligent et ce rôle aurait suffi à me griser. Or, dans un geste d'une générosité inhabituelle chez la plupart des membres de sa caste, il a partagé le travail mais aussi l'amusement, les découvertes, les phares de la renommée nés de ce rapport publié sous la forme d'un livre qui s'est vendu à 500 000 exemplaires, chiffre surréaliste même à l'époque, et qui a provoqué une excitation inattendue dans l'opinion publique. Nous ne nous sommes plus quittés jusqu'au jour où, veille de sa mort, il me fit ses adieux et où nous parlâmes du compagnonnage avec la « grande faucheuse », de celui qui fut l'un des rares survivants du maquis du Vercors.

La première fois où je vis Simon, c'était dans l'amphithéâtre Boutmy de l'Institut d'études politiques où, chargé de mission auprès de Jacques Chaban-Delmas, auréolé de ce que, jeunes puceaux de la politique, nous croyions être le pouvoir, d'une élégance dont je me souviens encore, une pochette blanche comme seuls les notaires de province en portent encore, doté d'une éloquence dont les sous-entendus, en fait, nous échappaient, il incarnait l'intelligence en action. Pour qui rêvait d'atteindre le nirvana de la technocratie, il représentait l'accomplissement ultime. Combien de fois, traversant le Luxembourg auprès duquel je savais qu'il habitait, dans mes pérégrinations entre l'École des mines et Sciences Po, ai-je pensé à lui, comme j'avais rêvé de Jacques Anquetil, à la différence près que je n'avais aucune chance d'imiter le vainqueur du Tour, mais que je pouvais fantasmer de ressembler un jour à Nora, à la grâce près évidemment. La Providence, le hasard ou le destin passa par là et me mit sur son chemin.

La vie de Nora était un roman comme seules les années d'après-guerre pouvaient les inventer. La Résistance, le Vercors, le retour à la vie civile couvert de ces titres de gloire, la première promotion de l'ENA, dont le nom seul était une décoration – « France combattante » –, l'inspection des Finances, aristocratie d'entre les aristocraties d'État obligée après 1945 de s'ouvrir à la société, un mariage bousculant ce qui restait de conventions sociales avec la fille du duc de Brissac, l'agitation de jeunes gens qui, oscillant entre Saint-Germain des Prés, Marx, Keynes, la comptabilité nationale, le « compagnonnage de route » vis-à-vis du parti communiste, les échauffourées intellectuelles entre Sartre et Aron, les nuits à discuter, whisky à la main, gauloise maïs au bec, des « soi-disant » crimes du stalinisme : tel était le monde de Simon.

Comme, à la différence de nombre de ses camarades, il n'avait pas fait sienne l'eschatologie communiste, il vivait, taraudé par un fantasme – moderniser la France – qui ressemblait à ce que les mathématiciens, alors à la mode, tous enfants de Bourbaki, appelaient un ensemble vide, jusqu'au jour où deux hommes firent irruption dans son univers et tout bascula. L'un, Jean-Jacques Servan-Schreiber, mythomane et intuitif, fou et rationnel, illuminé au point de penser qu'un journal, qu'il créera avec l'aide de Nora et de quelques autres – *L'Express* –, changerait la société. Et ce fut presque vrai. L'autre, Pierre Mendès France, inverse absolu de JJSS, austère, rigoureux, méthodique, courageux, donc doté de toutes les qualités qui devaient normalement, sous la Quatrième République, lui interdire l'accès au pouvoir. Et, en « tiers de confiance » de ce couple contre-nature :

Simon Nora. Les deux hommes le fascinaient parce qu'ils étaient si différents de lui. Le premier était une force qui va, alors que Nora était un esprit parfois prisonnier de sa propre sophistication ; le second, un homme granitique, alors que mon « père adoptif » était fragile à force d'essayer de dominer son intelligence supérieure.

Je n'ai pas de mal à imaginer l'apport de Simon à *L'Express* : des fulgurances, des paradoxes, des contre-pieds. J'éprouve naturellement davantage de difficultés à mesurer l'importance de son concours auprès de PMF. Rien que de plus normal : le propre du conseiller est d'être, malgré les apparences, invisible. Ce sont les autres qui ont dressé le tableau du rôle de Simon pendant les huit mois du cabinet Mendès : le plus intelligent, le plus vif, le plus prospectif, le plus désireux de voir les idées se muer en réalités et échapper au destin de chimères. Il en alla de même pour sa présence auprès de Jacques Chaban-Delmas, encore que celle-ci avait, par elle-même, une valeur politique. Nora portait un morceau de la croix mendésiste et incarnait la gauche réformiste du club Jean Moulin qui s'était érigée en contre-pouvoir intellectuel et technocratique face au gaullisme, de même que la présence dans la même équipe de Jacques Delors témoignait d'une complicité avec un monde syndical que le gaullisme avait rudoyé.

Entre ses deux passages au pouvoir, Nora avait eu une carrière classique de haut fonctionnaire avec, comme point d'orgue, un rapport sur les entreprises publiques qui installa le genre si particulier et jamais égalé du « rapport Nora » : un document ambivalent, répondant explicitement à une question du pouvoir exécutif mais jouant en rebond sur l'opinion publique afin qu'elle contraigne celui-ci à agir.

Cet exercice si particulier connaîtra son apogée avec le « rapport Nora-Minc ». Nora m'a enseigné comment un sujet, en apparence mineur, gagne à être élargi, en l'occurrence de l'informatisation au fonctionnement de la société elle-même, et comment une matière au départ technocratique peut se muer en prétexte à une réflexion globale sur l'imbrication de la microéconomie, de la macroéconomie et de la dynamique sociale. Une telle audace conceptuelle aurait pu être teintée d'arrogance mais Nora jouait sans vergogne de son charme qui tournait même à la grâce, pour désarmer la méfiance qu'aurait pu générer une ambition aussi démesurée. Sans doute fallait-il un prétexte et une contrainte pour que mon co-auteur se lance sans inhibition dans une approche aussi ambitieuse, alors que devant la page blanche d'un livre à écrire, son appétit de globalité intellectuelle suffisait à le paralyser.

L'alternance de 1981 aurait dû amener le compagnon de Mendès au premier rang mais c'est justement cette proximité dont il paya le prix. François Mitterrand, qui avait la mémoire longue, se souvenait que Nora, à l'instar de PMF, ne l'avait pas informé à l'automne 1954 qu'il était la cible de « l'affaire des fuites ». Obligé néanmoins de ne pas trop laisser apparaître publiquement son ire, le président de la République pensa s'en tirer à bon compte en offrant la direction de l'ENA à Nora. Celui-ci ne changea rien à l'arrogance technocratique que diffusait cette maison mais par le seul effet d'un charisme tout en finesse et subtilité et jamais en force, il marqua à vie quelques générations de fonctionnaires. Pénétrés de son souvenir, comprenaient-ils que la leçon de leur directeur était de ne jamais renoncer à des projets parfois démesurés tout en les escamotant derrière une démarche faussement modeste ?

L'alchimie entre une intelligence tellement sophistiquée qu'elle pouvait conduire à une forme d'impuissance et une allure qui donnait le sentiment d'une absolue facilité peut susciter une manière de frustration. Nora savait que, moins doué, il aurait accompli davantage. Leçon que je n'ai cessé de méditer.

Jorge Semprún

Comment faire le portrait d'un homme que vous admirez de longue date et qui vous fait, un jour, la surprise de dire à un journal que vous êtes le fils qu'il aurait aimé avoir ? L'affection et la reconnaissance fabriquent alors un précipité chimique qui oblitère évidemment le jugement.

Semprún ? Quel Semprún ?

Le jeune résistant, embarqué pour son *Grand Voyage* à Buchenwald et qui est capable en gare de Trèves, où le train des déportés s'arrête, de penser au fils le plus célèbre de la ville, Karl Marx ? Le même qui, à la sélection lors de l'arrivée au camp, s'énerve devant le déporté qui ne veut pas l'inscrire comme étudiant mais comme plâtrier, afin de l'envoyer en camp de travail et lui sauver la vie ? Le même, toujours, qui dans *L'Écriture ou la Vie* fera revivre sur le tard ses camarades disparus avec lesquels il menait des débats philosophiques que la situation rendait surréalistes ? Ou le Semprún de la Libération, happé par la bande de Marguerite Duras et qui mène la vie de dandy que son incroyable séduction ne pouvait que rendre agréable ? Ou le Semprún, clandestin du parti communiste espagnol, qui occupe la cache dans laquelle lui succédera Julián Grimau avant d'y être arrêté puis exécuté par la justice franquiste et qui retracera sa vie militante dans *La guerre est finie*, en confiant son rôle à celui qui deviendra son frère de cœur, Montand ? Ou le Semprún expulsé en 1964 du parti communiste espagnol par la « Pasionaria » Dolores Ibárruri et Santiago Carrillo dans un lugubre château de Bohême et qui se découvre enfin en homme libre ? Ou le Semprún jouissant de cette liberté et s'installant dans la posture du grand intellectuel européen, passant sans crier gare de Husserl à Baltasar Gracián, de Heidegger à Tocqueville, de Marx à Gramsci ? Ou le Semprún, devenu un porte-parole talentueux des déportés survivants et qui se confronte historiquement, humainement, philosophiquement à la tentation de l'oubli collectif? Ou le Semprún nommé, sur une intuition géniale de Felipe González, ministre de la Culture qui négocie la donation de la collection Thyssen-Bornemisza et qui, à la demande de la reine, convaincue que seul un ancien communiste peut écrire le premier discours d'un Bourbon depuis le procès de Louis XVI devant l'Assemblée nationale, rédige l'adresse de Juan Carlos ? Ou le Semprún des dernières années dont la seule foi est désormais la construction européenne et qui, fort de sa légitimité, forgée dans les soubresauts de l'Europe, plaide inlassablement en faveur de cette grande œuvre ?

La vie de Jorge a été un roman, source quasi unique de son activité littéraire dont elle émerge sans tabous, ni rodomontades, ni faux-fuyants, ni grandiloquence. Dans un monde intellectuel où signer une pétition est un acte de combat, la personne de Jorge bénéficiait d'un statut hors normes : lui avait croisé l'Histoire, la grande, la vraie. Il y avait survécu, n'en avait tiré ni leçons définitives, ni orgueil outrecuidant, ni ambition de magistère.

Français jusqu'au bout des ongles, il n'avait jamais voulu être naturalisé et lorsque Jacques Chirac l'a supplié d'accepter la nationalité française, afin de désarmer les vieux réactionnaires de l'Académie française et de rendre possible son élection, il s'est rebellé et, en signe de provocation, s'est fait élire plus tard à l'Académie Goncourt.

Ce n'est pas avec son cercueil couvert du drapeau tricolore et les honneurs militaires qu'il a voulu être enterré, mais avec pour linceul le drapeau de la République espagnole. Et pourtant Semprún avait de la reconnaissance vis-à-vis de la monarchie espagnole, pour avoir permis et réussi la transition démocratique ainsi que pour avoir parrainé l'entrée de l'Espagne dans le cercle de famille européen. Mais « l'an prochain à Jérusalem » de l'Espagnol Semprún demeurait la résurrection de la République dont son père avait été ambassadeur : elle avait constitué l'horizon naturel de ses années de dirigeant du parti communiste. C'est ainsi qu'il tint à boucler le cercle de sa vie.

Chacun de ces Semprún m'émouvait mais il appartenait aussi à ses lecteurs, ses admirateurs, ses thuriféraires. Il y en avait un autre qui m'était plus personnel. Le Semprún aficionado de football que j'ai décrit lors de l'hommage que j'avais organisé au lycée Henri IV, l'« alma mater » de son entrée dans la culture française, et dont l'investissement psychologique était tel qu'il a pu le conduire à une situation ahurissante. Je l'avais emmené au quart de finale France-Italie lors de la Coupe du Monde 1998 et au moment des tirs au but, lui le résistant, le déporté, le clandestin du PC espagnol, s'est précipité aux toilettes, me disant : « C'est trop dur ; tu me diras le résultat. » Il pouvait disserter des heures sur le jeu « à la barcelonaise » inventé par Johan Cruyff avec le même sérieux que sur la grande conférence de Husserl avant la guerre. L'affrontement FC Barcelone / Real était bien davantage que le choc de deux styles de jeu ; les Catalans incarnaient l'Espagne à venir et le Real la survie de l'Espagne franquiste.

Mon Semprún, auteur de *La Deuxième Mort de Ramón Mercader*, trouvait un charme paradoxal au fait qu'enfant j'aie pu sauter sur les genoux de Caridad Mercader, la mère de Ramón et véritable organisatrice de l'assassinat de Trotski. Mon Semprún adorait quitter les habits de l'intellectuel en majesté pour se faire raconter les potins de la politique, les coups bas, les petites combinaisons. Mon Semprún s'acharnait en vain à me rendre plus juif que je ne le suis, lui qui se considérait comme un Juif adoptif et un Israélien de cœur, même quand le gouvernement de Jérusalem l'énervait au dernier degré. Mon Semprún considérait que fils de communiste, j'étais mieux à même que quiconque de comprendre son itinéraire : il pensait que d'avoir un père membre de la MOI pouvait faire de moi l'enfant adoptif du jeune résistant qu'il fut et qu'il n'a jamais cessé d'être. Et au fond, il avait raison. Nous baignions, à une génération d'écart, dans le même bain.

Nous étions, l'un et l'autre, loin du communisme, lui pour l'avoir quitté, moi pour l'avoir contemplé sans y adhérer ; nous partagions une « private joke », comme disent les Anglais : lequel de nous deux était le meilleur dernier marxiste français ? Car nous partagions, cette fois-ci sérieusement, une même conviction : Marx demeure le penseur suprême, le seul qui a su analyser, du même mouvement, l'économie, l'histoire et la société.

Nos raisonnements, nos jugements, nos partis pris étaient en général faits de la même étoffe et cela me rassurait de le voir apporter le poids de son passé et sa propre densité historique à mes élucubrations. C'est bien le moins qu'on puisse faire pour un fils qui n'en est pas un.

Bernard Tapie

Nous nous sommes détestés ; nous nous sommes aimés. Pendant des décennies, nous représentions l'un pour l'autre un suppôt de l'enfer. De mon côté, je ne supportais ni la vulgarité, ni la faconde, ni l'allure de l'escroc, ni le faux entrepreneur écumant les tribunaux de commerce, ni le goût, pour l'époque naissant, du populisme.

Wonder, Terraillon et Manufrance me semblaient des conquêtes de pacotille, dont les salariés seraient les victimes plus ou moins consentantes. Adidas, une illusion financée par des banquiers attirés par le goût des gredins, les ondes de la notoriété et une passion inavouée pour les mauvais garçons. Quant au Tour de France, ma passion d'enfant, il était ennobli par le talent de Bernard Hinault mais je niais tout mérite au propriétaire de son équipe, La Vie Claire. Restait, certes, l'OM et bon gré, mal gré, je cédai, comme tout aficionado, au patriotisme le soir de la finale à Milan, mais Dieu merci, l'affaire Valenciennes-OM advint et je ne pus m'empêcher de penser que tout s'expliquait.

Le Tapie homme politique me hérissait, en important, sur la scène française, toutes les recettes du populisme berlusconien. Je lui concédais du talent dans son duel avec Le Pen, de l'énergie à revendre, un culot d'enfer, mais le voir siéger au Conseil des ministres me semblait signer le goût avéré de François Mitterrand pour les personnages interlopes et la manœuvre me paraissait cousue de fil blanc. J'avais même publié un livre, *L'Argent fou*, dans lequel Tapie constituait le fil conducteur d'une critique au vitriol du mauvais capitalisme, au nom de la conviction, qui est toujours la mienne, qu'il existe un bon et un mauvais capitalisme, comme un bon et un mauvais cholestérol.

Je n'ai eu qu'un seul contact professionnel avec Bernard Tapie, lorsqu'il a essayé de prendre d'assaut le Club Méditerranée, et cette expérience *in vivo* me permit de juger sur pièces et de confirmer ma conviction qu'il était un piètre entrepreneur : absurde jugement stratégique, fausse analyse financière et, pour seul capital, un usage abusif de son réseau de relations, assorti d'une pincée de menaces.

De son côté, il ne pouvait voir en moi que la quintessence de cette élite qu'il haïssait, à laquelle il imputait, comme tous les populistes, tous les péchés de la terre et qu'il croyait lui être hostile, alors qu'une grande partie d'entre elle s'était vautrée à ses pieds.

Tout était donc écrit pour que nos chemins continuent à ne pas se croiser et nos échanges se limiter à des piques à dates régulières, par presse interposée. Vint, il y a quelques années, un étrange appel téléphonique. Tapie me tint le discours suivant : « J'ai un mauvais cancer ; je vais mourir et je veux me réconcilier avec les gens que j'estime et avec lesquels je me suis disputé. Accepterais-tu – le tutoiement était, chez lui, une règle – de venir me voir ? » À question hors norme, réponse naturelle. Le résultat fut que nous nous sommes vus, non pas une fois, mais deux à trois fois par mois pendant les années de son calvaire, jusqu'à ma dernière visite, trois jours avant sa mort.

Une vie se réécrit à travers sa fin. Le Tapie malade m'a impressionné, étonné, estomaqué. Une lucidité absolue, une analyse méticuleuse de son état – et cette fois-ci sans esbroufe –, de vraies connaissances médicales, un courage d'acier face aux douleurs quotidiennes, une posture de combat avant ses innombrables et lourdes opérations, un mélange permanent d'optimisme du quotidien et de pessimisme clinique.

Comme un histrion ne disparaît jamais, Tapie avait trouvé le moyen d'occuper la scène en s'assignant une mission dont, fine mouche, il savait qu'elle le grandirait : démystifier la maladie, encenser les progrès médicaux, valoriser les médecins tels des saints laïcs, donner du courage à ses innombrables compagnons d'infortune, l'immense armée des cancéreux. Il suivait l'audimat des émissions qui lui étaient consacrées sur ce thème, avec la même folie névrotique que pour ses prestations politiques.

Lorsque la faculté de médecine d'Aix-Marseille lui demanda de parrainer sa dernière promotion, il vécut ce geste comme un merveilleux honneur. Le « système », fût-ce le seul système médical, le reconnaissait. Il me fit visionner son incroyable prestation : déjà très atteint, le souffle rauque, il fit peut-être son meilleur discours, le plus authentique, le plus charismatique, le plus émouvant. Je lui ai dit : « Tu as commencé comme Mandrin et tu finis comme saint Vincent de Paul. » Manque de chance, il ne connaissait pas Mandrin et guère saint Vincent de Paul.

Au fil des mois apparaissait aussi un Tapie obsédé par la religion. Il prétendait avoir toujours eu la foi du charbonnier. Peut-être... Mais là, elle était éclatante : peu conceptuelle évidemment, viscérale, bien plus animiste que pascalienne. Il semblait croire à l'au-delà, telle une preuve de son incoercible optimisme et de son énergie vitale : même Dieu ne pouvait, à ses yeux, lui résister.

Tapie est-il devenu à mes yeux, pendant toutes ces années, un personnage sulpicien ? En aucun cas. Dans son combat trentenaire avec le Crédit Lyonnais, il était clair qu'il avait été trompé, voire escroqué, mais, manichéen en diable, il n'avait pas la lucidité de penser qu'il vivait l'histoire d'un escroc, à son tour escroqué. Car il n'avait ni doute ni distance vis-à-vis de son propre passé. Il croyait vraiment avoir été un grand entrepreneur et lui faire comprendre qu'il en avait l'énergie mais pas la vista était une cause perdue. Un banquier intelligent avait dit d'un des plus grands entrepreneurs français : « Du pif et des couilles. » Tapie avait les « couilles » mais pas le « pif ». Mais en revanche, quelles « couilles » !

C'est cette énergie hors du commun qui avait, à l'évidence, séduit François Mitterrand. Celui-ci avait enfin trouvé un animal pour lequel il pouvait bâtir une trajectoire politique hors normes. Une fibre populaire que les yachts, les avions privés, l'hôtel particulier de grande allure n'occultaient ni à ses yeux ni, plus essentiel, aux yeux de ses électeurs méridionaux. L'intuition de certains sujets invisibles aux yeux des technocrates : ainsi était-il obsédé, pendant la révolte des « gilets jaunes », à propos du problème du non-versement des pensions alimentaires aux femmes qui élevaient, seules, leurs enfants. Et simultanément, un désir de mesurer les grands enjeux avec la même certitude que les problèmes du quotidien, au risque de dire des bêtises qu'aggravait son assurance. Cette boule d'énergie qui n'arrivait plus à se nourrir normalement, s'excitait en faisant les cent pas, mimant le discours qu'il aurait tenu aux Français, si le destin en avait décidé autrement.

Il était viscéralement convaincu que le « système » avait trouvé les moyens de le mettre hors jeu, tant il se croyait inquiétant pour lui. Reconnaissait-il, *a posteriori*, une responsabilité dans l'affaire Valenciennes-OM qui servit de détonateur ? À mi-mot. Fantasmait-il sur ce qu'aurait été son destin sans ce croche-pied ? Maire de Marseille, bien sûr, et davantage ensuite...

En fait, Tapie était une « force qui va » et devant ses foucades, ses éclairs, ses intuitions, ses dérapages, je me disais toujours qu'un seul homme aurait pu mettre de l'ordre dans ce torrent : François Mitterrand. Tapie le révérait, tel un personnage surnaturel : reconnaissant de l'avoir repéré et promu, fasciné par l'allure royale, impressionné par une intelligence à plusieurs dimensions qui était l'antithèse absolue de la sienne. À l'aise avec tout le monde, il redevenait un pur enfant dès qu'il prononçait ce nom magique. Les autres présidents n'étaient à ses yeux, selon les cas, que des instruments, des copains, des ennemis.

L'épisode des élections européennes, avec un Tapie cornaqué par Mitterrand, humiliant Michel Rocard, aurait pu être une préfiguration du jeu politique qu'aurait modelé ce tandem en apparence contre nature, et donc prodigieusement efficace. C'est à ce destin avorté que, quittant les dorures de la rue des Saints-Pères, je pensais souvent : la société française avait à sa disposition peu d'animaux de cette espèce et elle n'avait guère su l'utiliser. Elle lui a rendu, en contrepartie, un fieffé hommage après sa mort. Tapie aurait adoré : les titres, les émissions spéciales, les témoignages, les cérémonies, la foule et une vraie émotion collective. Il aurait mesuré qu'il appartenait désormais à notre imaginaire : un mélange indéfinissable de forban et de Don Quichotte, de voyou et de bon samaritain, de colosse et d'enfant. De prodigieux succès et d'immenses ratages.

J'ai aimé les quelques années que le coup de fil impromptu de Tapie m'a permis de vivre en complicité avec lui. Je n'avais jusqu'alors jamais connu un tel élan vital chez un être aussi inachevé.

II. LES MOMENTS

Mai 68 : les joies du monôme

Quel moment de bonheur ! Nous sortions de la galère des classes de préparation et soudainement tout était possible.

Manifester pour faire annuler l'épreuve qu'on avait ratée ou, plus jouissif encore, le concours d'une école qu'on ne présentait pas. Jouer les stratèges de pacotille en occupant les lycées du Quartier latin pour y installer des postes de secours (*sic* !). Le faire de préférence dans les lycées de filles, afin de faire voler en éclats l'absence de mixité scolaire. Tester notre bagout en philosophant dans des amphithéâtres enfumés sur notre viatique du moment, *Les Héritiers* de Bourdieu, et Passeron qui nous apprenait – immense découverte ! – combien nous étions des privilégiés... Croire à notre force révolutionnaire en scandant : « Nous sommes tous des Juifs allemands » et glousser à la plaisanterie du voisin manifestant, qui ne cessait d'ahaner : « Le pire c'est que c'est vrai. » Jouer à la « guerre des boutons », roman très à la mode à l'époque, en se faisant courser par des « flics » encombrés de leur harnachement et patauds face aux gazelles que nous croyions être. Ce 68-là, le mien, était l'apanage du « marais » des étudiants, empreint du simple désir de s'amuser, s'exciter, se donner des émotions, tout en se préparant – il ne fallait pas perdre le nord – à passer les oraux des concours. Nous n'avions pas l'expérience du militantisme qu'une petite minorité affichait ostensiblement. Et il faisait trop beau pour nous obliger à un parcours de rattrapage en lisant Trotski en version abrégée.

Geismar, Sauvageot, Cohn-Bendit étaient-ils nos chefs ? Quinze jours auparavant, nous ne connaissions même pas leurs noms. Dans cette « sainte trinité », le premier semblait bien rigide, le second à coup sûr séduisant pour nos camarades filles et seul le troisième, ludion rieur, nous emballait en jouant les « trompe en l'air ». Une petite virée dans la cour de la Sorbonne, devenue une braderie aux idéologies avec ses stands brinquebalants, ses discussions enfiévrées et son alcool à volonté. Un détour par le grand amphithéâtre où se relayaient des orateurs excités ou éméchés, tel un cours Florent sans professeur. Et enfin, un pèlerinage au temple sacré de la contestation, le théâtre de l'Odéon, où ne jouaient plus des adolescents comme nous, mais les grands, les adultes, les penseurs, tous philosophes de pacotille et bouleversés d'avoir croisé

Sartre entouré de sa garde prétorienne d'adorateurs. Telle était la réalité vécue du moment.

Quel incroyable contraste néanmoins avec les conséquences de ce monôme ! Un pouvoir, le plus hiératique de tous, qui avait failli basculer sous nos coups d'épingle. Un pays qui s'était mis en grève dans la foulée non d'une avant-garde révolutionnaire de type léniniste mais d'un mouvement incontrôlé. Une France conservatrice qui s'est terrée, jusqu'au miracle du 30 mai, comme elle le faisait sous l'Occupation. Un ébranlement comme la société n'en avait pas connu depuis le dix-huitième siècle en termes de mœurs, de comportements, de vie collective. Un choc idéologique, philosophique, intellectuel qui a bousculé tous les systèmes en place. Une onde planétaire, partie du boulevard Saint-Michel, qui a touché l'Europe, les États-Unis et une partie du Tiers-Monde.

Tel est, à mes yeux, et avec un recul de plus de cinquante ans, l'incroyable paradoxe de mai 68. D'un côté un microphénomène mené par une jeunesse en quête banale d'excitation ; de l'autre un bouleversement aux dimensions universelles. C'est cette leçon-là qu'il ne faut jamais perdre de vue. Elle se décline en préceptes simplissimes : l'imprévu règne ; un événement minime peut prendre une dimension insoupçonnée ; sa propagation est aussi inexplicable que saisissante ; si solide semble-t-il, aucun système politique ou sociologique n'est à l'abri d'un effet papillon, c'est-à-dire du battement d'aile d'un coléoptère qui provoque, à l'autre bout du monde, l'effondrement d'un pont suspendu. De là une question lancinante : à quand le prochain effet papillon ?

29 mai 1968 : j'ai cru Mendès au pouvoir

Pour un fils de communistes, l'engagement politique pouvait prendre trois voies : rester dans la filiation parentale et entrer à l'Union des étudiants communistes (UEC) assez séduisante parce que légèrement séditieuse ; devenir trotskiste, version dure, « lambertiste » ou plus douce côté Krivine ; être réformiste, donc mendésiste. J'avais choisi la troisième option, la plus paisible. Je croyais au « contrat de gouvernement » comme d'aucuns à l'Immaculée Conception et j'avais vécu l'élection en mars 1967 de Mendès France à Grenoble comme la préfiguration de ce qui allait se produire à l'échelle du pays, avec le retour, un jour, du vrai grand homme – Mendès – et le départ du faux grand homme – de Gaulle.

Aussi le 29 mai, lorsque se télescopent l'annonce de la disparition du Général et l'appel de Mitterrand à la constitution d'un gouvernement provisoire présidé par PMF, je crois l'heure du miracle arrivée et je m'attends à vivre une révolution silencieuse. L'information sur le retour du Général à Colombey, puis l'annonce d'une allocution radiodiffusée de sa part me perturbent. Cela ne ressemble pas à la théâtralisation d'une démission. Arrivent 16 heures et la prise de parole de De Gaulle. Les sept minutes d'admirable éloquence ont fait pleurer de joie tous ceux qui se dirigent vers les Champs-Élysées. Elles m'ont fait pleurer – au sens propre – de rage. Non seulement de Gaulle avait gagné mais il avait au passage ridiculisé Mitterrand, ce qui m'indifférait, et Mendès, ce qui me bouleversait, en les renvoyant à un destin de « politiciens au rancart ». Ma passion mendésiste ressembla ensuite à un chemin de croix : la défaite aux législatives à Grenoble, face à Jean-Marcel Jeanneney, puis la ridicule candidature en tandem, à califourchon derrière Gaston Defferre, aux présidentielles de 1969.

Mûri par les années, je n'ai cessé de m'interroger sur mon mauvais choix : être mendésiste au lieu d'être gaulliste. Sans doute mon hostilité au Général portait-elle la trace de mon éducation dans un foyer communiste à l'origine puis solidement de gauche, à partir des années soixante. Il me fallut approcher l'État, céder à la « Weltanschauung[1] » de la haute fonction publique pour admirer le Général et le décrire, dans plusieurs de mes livres, comme un personnage

1. Vision du monde en allemand.

surréaliste. Surréaliste car en dehors même des canons de la réalité politique. Surréaliste car indépendant de tout et tous, en état d'apesanteur. Surréaliste par son humour : « On édifiera après ma mort une grande croix de Lorraine au-dessus de Colombey : elle appellera les lapins à la Résistance. » Surréaliste dans un monde où les hommes politiques font, tous, concours d'hyperréalisme.

Parallèlement à cette montée de sève gaulliste, les faiblesses du personnage Mendès m'apparaissaient les unes après les autres. Une surprenante lâcheté, lorsque pendant sa brève présidence du Conseil, le Parlement examine le traité créant la Communauté européenne de défense et que le héros de la négociation de Genève ne prend pas position sur une question existentielle pour la France. Une incroyable absence de vista pendant toutes ces années où PMF prophétisait la chute brutale du pouvoir gaulliste au nom d'un raisonnement simpliste : un régime né hors la loi mourra hors la loi. Une naïveté institutionnelle à force de penser que le parlementarisme, dont il avait été une éclatante victime, pourrait se rationaliser grâce à un contrat de gouvernement entre des partis qui se haïssaient. Une cécité politique, marquée au coin de la mauvaise foi, qui l'empêchait de reconnaître les triomphes du gaullisme. Un orgueil déplacé qui le conduisait à se croire de plain-pied avec le Général et à refuser tout accord avec celui dont il avait été un déférent ministre de l'Économie en 1945. Des petitesses comportementales qu'on n'attend pas d'un personnage en majesté. S'ajoutait, pour corser mon changement de regard : la contradiction entre le Mendès, le soir du 10 mai 1981, chez Georges Kiejman, qui dévorait son taboulé sans un regard pour l'écran où Mitterrand s'abritait derrière les forces de l'Histoire et le même Mendès lors de la cérémonie d'inauguration à l'Élysée, dont on pouvait se demander s'il pleurait par émotion ou s'il pleurait sur lui-même et son parcours avorté.

Je me suis souvent amusé à essayer une uchronie à propos du 29 mai 1968 et à imaginer notre destin avec pour hypothèses un de Gaulle rentré à Colombey et un Mendès en charge d'un gouvernement provisoire, à l'instar du gouvernement républicain qui s'installe en 1870 après la défaite de Napoléon III.

Il faut une bonne dose de naïveté pour imaginer un Mendès qui serait demeuré au pouvoir plus longtemps que son gouvernement de 1954/55. En fait, ma foi et mon absence d'expérience des hommes m'avaient empêché de comprendre le 29 mai 1968 que PMF ne voulait pas, en réalité, du pouvoir.

20 août 1968 : invasion de la Tchécoslovaquie

Sans doute l'intensité de ma réaction à l'invasion de la Tchécoslovaquie par les troupes soviétiques s'expliquait-elle par les engagements politiques de mes parents. Ils avaient choisi avant-guerre le communisme contre le judaïsme de leur naissance. Ils avaient vécu la guerre à travers la résistance communiste ; ils s'étaient très lentement émancipés du carcan du PC à travers des chocs successifs et des doutes croissants : le procès des « blouses blanches », le procès Slansky, le rapport Khrouchtchev, l'intervention militaire en Hongrie, les répressions violentes à Berlin-Est, le choc Gomulka à Varsovie et plus tard, blessure ultime, la campagne antisémite menée en 1967, dans une Pologne qui ne comptait plus que 3 000 Juifs, par le général Moczar, ministre de l'Intérieur. Ce fut l'occasion, pour mes parents, de « rendre leur carte », selon l'expression en vigueur dans le dialecte communiste.

C'est lors de l'un de ces événements qui occupaient la vie de famille que j'ai eu mon premier choc « politique ». Je me souviens, pendant la répression de l'émeute hongroise en 1956, de mes parents, l'oreille tendue vers la radio, écoutant, bouleversés, tonner les canons des chars soviétiques et, comme je confondais un char et un carrosse, je ne comprenais pas pourquoi l'entrée des carrosses à Budapest suscitait autant d'émotion familiale.

Toujours est-il qu'après cette lente émancipation, mes parents vécurent le printemps de Prague comme une rédemption : la possibilité, dont ils avaient toujours rêvé, de voir la démocratie et la liberté se lover au cœur du communisme. Ainsi le triste Dubcek était-il devenu un héros familial et même si j'avais résisté aux sirènes, de moins en moins séduisantes, du PC, je me sentais concerné, par proximité affectueuse et familiale, par cet événement qui réconciliait mes parents avec eux-mêmes.

Avais-je, à dix-neuf ans, un jugement sur les chances de succès de l'expérience tchécoslovaque ? Non, mais du moins en sentais-je l'importance pour avoir visité en 1964 la Tchécoslovaquie et avoir mesuré, à l'occasion de ce premier franchissement du rideau de fer, combien le communisme générait de tristesse, de laideur, de pauvreté, en un mot de médiocrité dans cette ville sublime qu'était Prague et dont on devinait la splendeur derrière la grisaille des murs, la mélancolie des individus, la lourdeur de l'atmosphère.

Aussi, lorsque débarquant d'un train à Rome, je vis le 20 août 1968, le titre du *Corriere della Sera*, ma première réaction fut d'acheter *L'Unità* pour voir comment réagissait le PC italien dont mon entourage familial jalousait la liberté, au regard de la rigidité du parti français. La condamnation était exemplaire, nette, sans bavure : Togliatti méritait le respect que je ressentais chez les communistes français les plus ouverts. Le PC français fut plus jésuite mais néanmoins clair. Il envoya au feu Aragon, fort de son aura internationale et Pierre Daix lesté de son passé de résistant-déporté et de son lien de famille avec Artur London. Ils proclamèrent haut et fort dans leur journal, *Les Lettres françaises*, leur brutale désapprobation de l'invasion soviétique. Au moins ces réactions constituaient-elles une consolation face au désespoir qu'engendrait l'enchaînement des événements à Prague : transfert humiliant de Dubcek à Moscou, contrition de sa part qui rappelait les procès staliniens, la potence mise à part, établissement d'un gouvernement fantoche, immolation de Jan Palach et une chape de plomb qui s'abattait chaque jour plus lourdement sur le pays.

L'épisode tchèque me lava des derniers miasmes que le communisme familial avait laissés en moi. Je ne crus plus ni aux attitudes en demi-teinte des communistes, ni à la moindre chance d'une vraie émancipation du PC français, ni à toute forme de rédemption des héritiers de Staline, ni aux postures, dignes du dedans-dehors cher aux psychanalystes, de l'Union des étudiants communistes. Le choix pour quelqu'un qui demeurait prisonnier, à cet âge-là, de ses chromosomes de gauche, était binaire : le trotskisme ou le réformisme, puisque le gaullisme m'était malheureusement interdit, par héritage familial. Ce fut le réformisme.

Le printemps de Prague aurait-il réussi, sans doute serais-je devenu un compagnon de route du PC pour le pousser à s'émanciper. Ainsi le destin malheureux de Dubcek, relégué comme jardinier jusqu'au moment de son incroyable résurrection lors de la « révolution de velours » de l'automne 1968, me rendit-il un immense service.

10 mai 1981 : le bonheur illusoire de l'alternance

J'ai aimé cette journée. Au fond sans vraie raison. Étant de gauche, j'avais voté pour Mitterrand mais je savais absurdes et coûteuses les 110 propositions. Je souhaitais le départ du pouvoir giscardien mais j'avais apprécié le respect qu'il manifestait aux caciques du système technocratique. J'aimais quelques ténors du nouveau pouvoir – Mauroy, Rocard, Delors et d'autres moins connus – mais je savais que je détesterais la cour arrogante qui s'annonçait de manière tonitruante. J'appartenais à une entreprise qui figurait en bonne place sur la liste des nationalisations mais j'étais convaincu que celles-ci ne changeraient rien à rien.

C'est en voyeur que j'ai vécu ce que Jack Lang, déjà en verve, appela « le passage de la nuit à la lumière ». D'un côté, l'émotion palpable dans les rues de ceux, âgés, qui ne croyaient pas possible, après un quart de siècle, un tel événement, l'excitation des jeunes qui imaginaient le paradis sur terre, le sentiment unanime de vivre en direct l'Histoire en train de se faire. De l'autre côté, la bourgeoisie de gauche, réunie chez Georges Kiejman autour de son grand homme, Pierre Mendès France, le slogan de ralliement de Françoise Giroud : « Tous à la Bastille mais on se retrouve chez Bofinger », le mot sarcastique de Jean-Denis Bredin à la vue, à la télévision, des vainqueurs arrogants : « Et dire qu'on a voté pour vivre sept ans avec eux. »

C'est avec cette double focale que j'ai ressenti l'événement. Les jours suivants ne diffusèrent pas une impression différente. L'anxiété de la bourgeoisie d'affaires, avec laquelle je vivais, me semblait disproportionnée : elle s'imaginait vivre une révolution bolchevique en version allégée. Les nouveaux maîtres du pouvoir, que je connaissais bien, me paraissaient au contraire d'une naïveté confondante, imaginant vraiment qu'ils changeraient certes non pas la vie, mais le fonctionnement de la société.

Ni les uns ni les autres n'avaient conscience que la possibilité d'inflexion était au plus de quelques degrés sur une circonférence de 360 degrés. Le dire n'atténuait ni les fantasmes des premiers ni les illusions des seconds. Pendant quelques mois, le bon sens était interdit de séjour dans les deux camps. Ce n'est qu'après l'été, au moment des premières difficultés et de la dévaluation, que celui-ci commença à reprendre ses droits. Chez les conservateurs, peu à peu convaincus que, même si la politique suivie ne leur plaisait guère, le pays n'en mourrait pas pour autant. Chez les tenants du pouvoir où une petite musique raisonnable commençait à se faire entendre par rapport au délire des courtisans, aux rêves des militants, aux fantasmes d'une économie-vaudou. Mais la joie unanime du 10 mai avait encore à se dissoudre sous le poids de la réalité.

Sous le magistère royal mais lointain de François Mitterrand, les coteries s'installaient et une diagonale s'établissait, séparant deux mondes. D'un côté, les Bérégovoy, Fabius, Chevènement, Joxe vis-à-vis desquels je me sentais, au mieux méfiant, au pire hostile. De l'autre, les Mauroy, Rocard, Delors, Peyrelevade, Lamy qui constituaient ma famille d'adoption. Même vision du monde, même acceptation de la réalité, mêmes valeurs morales. En fait, de même qu'on dira plus tard de Mitterrand qu'il avait deux avocats, l'un pour le droit, Badinter, l'autre pour le tordu, Dumas, il avait deux entourages politiques, l'un très proche qui faisait une grande part à la courtisanerie, l'autre beaucoup plus lointain sur le plan personnel, avec lequel il partageait des combats politiques, passait des compromis, se confrontait parfois durement. C'était celui auquel j'appartenais très modestement et mes relations personnelles avec François Mitterrand avaient toujours été entachées par le fait que je n'avais pas donné suite à ses signes pour rejoindre le premier groupe, c'est-à-dire la cour.

Cette dérive du régime, de plus en plus personnel, de plus en plus monarchique, de plus en plus royal, jetait-elle une ombre sur le 10 mai, devenu prétexte à un couronnement, dont la cérémonie du Panthéon avait offert le simulacre ? À mes yeux, jamais. Je suis toujours demeuré convaincu que la France avait un besoin vital d'alternance, qu'au terme d'une période monolithique de vingt-trois ans, celle-ci serait nécessairement chaotique, mais que c'était un prix minime à payer. Sans doute ce petit vademecum de bon sens m'évita-t-il toute déception et me permit-il de garder un souvenir joyeux du 10 mai.

Mars 1983 : la bataille des visiteurs du soir

C'est une bataille que j'ai vécue, de plus près que Fabrice à Waterloo, car modeste soutier d'un des deux camps, j'ai connu tous les épisodes de ce moment hors normes. Il a vu la France faire un choix décisif pour son avenir, non par le résultat d'une élection démocratique mais par l'affrontement d'une violence sans égale entre deux équipes pour faire basculer de leur côté le roi hésitant que fut, à ce moment, François Mitterrand.

Après deux dévaluations à l'automne 1981 et au printemps 1982, insuffisantes pour solder les comptes de la relance à tout va qui a suivi la victoire de la gauche, une nouvelle crise de changes se profile au printemps 1983. Devant la force des faits, une musique nouvelle se fait entendre. Elle est susurrée par les « visiteurs du soir », c'est-à-dire un groupe de proches de François Mitterrand qui lui fait croire, à lui l'ignare en économie, indéfectiblement convaincu du primat de la politique, qu'une autre politique est possible, sans prix à payer et pleine de douces promesses.

Le chef de file des visiteurs du soir – expression qui va faire florès – est Jean Riboud. Personnage magnétique, auréolé de son parcours de résistant, déporté à Buchenwald, esthète raffiné, président d'une internationale, Schlumberger, vivant entre Paris et New York, marié à une brahmane, nièce de Rabindranath Tagore, cet homme était un des rares à fasciner Mitterrand. Comme beaucoup d'excellents patrons, Riboud croyait à tort comprendre la macroéconomie et l'imaginait, tel un gigantesque réseau de tuyaux de plomberie dont il suffisait de régler les manettes. Ainsi avait-il inventé une économie fictive : sortie de la France du système monétaire européen, dévaluation massive, subventions importantes à l'industrie, contrôle des prix et, après quelques années, le pays réapparaîtrait sur la scène internationale, prospère, dynamique, compétitif. Incapable de mesurer l'inanité de cette approche, le président de la République y avait été d'autant plus sensible que maints de ses proches – Bérégovoy, Fabius, Attali et d'autres moins notoires –, convaincus que Jean Riboud serait le grand chambellan du règne, ne cessaient de lui vanter les mérites de cette « autre politique ».

Dans le camp adverse auquel j'appartenais, nous avions baptisé, par dérision, ce programme de « voie albanaise » en référence aux performances épouvantables de ce Cuba adriatique qu'était l'Albanie.

Le débat était étrange : les « Albanais » faisaient le siège de François Mitterrand mais s'exprimaient peu dans les médias, tant leur discours était difficile à formuler. Les « Européens », au contraire, avaient l'ascendant dans la discussion publique et, en relation permanente avec l'Élysée, Serge July, le directeur de *Libération*, était devenu le Joinville du règne et en particulier le chroniqueur de cet incroyable épisode. Le destin de l'Europe se jouait en partie dans ce combat.

Tous les événements sont désormais connus : Mitterrand, jamais en mal d'alchimie politique, proposant à Mauroy de rester Premier ministre pour mener « l'autre politique » et celui-ci de refuser. Puis, ayant basculé vers la voie européenne et allant soudainement jusqu'au bout de la logique, le président offrit à Jacques Delors de devenir Premier ministre, mais échaudé par sa cohabitation difficile avec Laurent Fabius, ministre du Budget, celui-ci exigea en plus de demeurer ministre des Finances. Mitterrand refusant de devenir un « roi fainéant » – *sic* –, exit Delors, avec pour dénouement Mauroy demeurant à Matignon et une France qui restait dans le système monétaire européen et adoptait les mesures de rigueur inhérentes à un tel choix.

L'épisode fut fascinant à vivre, tant l'écart était grand entre d'une part la bataille de couloir, le choc des ragots et des rumeurs, les volte-face des courtisans et d'autre part le caractère vital de l'enjeu, sans qu'à aucun moment le pays ne fût démocratiquement informé.

Je considère que quelques hommes ont, à ce moment-là, sauvé le pays et l'Europe du désastre : la France dérivant vers l'inconnu, la construction communautaire aurait été morte. Ils ont pour noms : Mauroy, Delors, Jean Peyrelevade, Pascal Lamy, suivis par une armée de soutiers à laquelle j'appartenais. Ils ont été rejoints ensuite par tous ceux qui ont fui le camp de « l'autre politique » et ont fait le pari que, bonne fille, l'Histoire oublierait leurs faux pas initiaux. Certains, plus courageux, sont restés droits dans leurs bottes et ont continué allègrement à penser faux et à imputer ultérieurement tous nos problèmes au choix qu'ils estimaient coupable de mars 1983 : Jean Riboud, Chevènement et tous leurs sicaires, souverainistes de gauche.

Demeure, à mes yeux, le mystère Mitterrand. S'est-il rendu compte qu'il a failli déraper et le pays avec lui ? A-t-il pensé avoir mené une maïeutique utile et pédagogique comme si, *in pectore*, il avait depuis le début fait le bon choix ? A-t-il, au contraire, regretté une décision qui lui aurait été imposée par le conformisme ambiant ? Comme tous les monarques absolus, il ne s'est jamais expliqué, estimant n'avoir de compte à rendre à personne. Et sans doute est-ce là, à mes yeux, l'enseignement ultime de cet épisode : notre système institutionnel peut aboutir à un déni absolu de démocratie, un choix cardinal à long terme pris dans l'aléa et l'opacité.

La Cinquième République a connu d'autres décisions, au moins aussi importantes, mais elles se sont prises à visage découvert et certaines avec même une ratification électorale : l'indépendance algérienne, l'élection du président au suffrage universel, l'euro. Jamais la démocratie n'a été, depuis 1958, aussi absente que dans l'affaire des « visiteurs du soir ».

Avril 1988 : l'assemblée générale de la Société générale de Belgique

Une assemblée capitaliste, moment fondateur à mes yeux ? N'est-ce pas narcissique, indépendamment du fait que ce narcissisme avait pris la forme, pour moi, d'une défaite tonitruante ?

Nous étions, Carlo De Benedetti, François Sureau et moi, partis à l'assaut de la Société générale de Belgique, société tentaculaire qui dominait l'économie belge, incarnait l'illusoire toute-puissance de l'aristocratie wallonne et se livrait à des compromis opaques avec l'establishment politique et syndical. C'était une époque où le capitalisme était encore un terrain de jeu sans la toute-puissance des modèles mathématiques et des analystes de marché. Ainsi est-ce dans les corridors feutrés de la SGB, derrière un huissier en queue de pie, allant rendre une banale visite d'affaires à son gouverneur – pas président, gouverneur… – que j'ai chuchoté à Benedetti : « Cette boîte mérite un coup de pied, attaquons-la, si ce n'est pas trop cher. » À la sortie nous sommes allés acheter *Le Soir* au kiosque du coin pour vérifier la capitalisation et découvrir qu'une telle opération était à notre portée. Aussitôt dit, aussitôt fait, nous avons acheté, à l'abri d'intervenants tiers, une participation avant de nous déclarer publiquement : toutes légales à l'époque, nos opérations boursières seraient, dans le monde d'aujourd'hui, proscrites.

Le moment était dominé par l'optimisme. L'Europe se construisait à grands pas ; les prémices de la chute du communisme apparaissaient ; les grands pays n'étaient pas dévorés par des inquiétudes démesurées. Prétendre, dans l'ordre financier, construire une holding authentiquement européenne était dans l'air du temps. Tel était notre projet : un mélange de sociétés poupées gigognes partout en Europe, sous le contrôle ultime d'un groupe italien. En fait, l'opinion publique était plus mûre pour un tel projet que la nomenklatura des affaires.

Nous avions réussi un coup politique, ce qui n'est pas l'objet d'une OPA ; nous allions rater notre cible capitaliste. La Belgique complètement tourneboulée, l'Italie en plein orgueil, la France intéressée au-delà des milieux d'affaires : nous ne savions plus si nous faisions de la politique ou des affaires et nous y avons perdu tout bon sens. Nos compétiteurs ayant annoncé détenir la majorité des actions de la SGB, j'ai encore la honte au front : interrogé en ouverture du Journal de 20 heures de France 2 par Jean-Pierre Elkabbach, j'ai nié le fait et prétendu qu'il y avait encore 2 % de titres non décomptés. J'avais atteint le comble du grotesque.

C'est l'establishment qui nous a vaincus. Peut-être étions-nous Mandrin mais ce sont les grandes institutions bourgeoises qui se sont affranchies, en toute impunité, de l'obligation de respecter les règles du jeu tandis que nous, provinciaux en goguette, avons été d'un légalisme qui, dans la Belgique de l'époque, n'avait aucun sens. Résultat : une assemblée générale hyper médiatisée, tels les jeux du cirque de l'argent, et une défaite à 48 % contre 52 %.

La différence entre un combat capitaliste et une élection politique est immense : en politique, le perdant peut rêver de revanche et, la patience aidant, il la prend souvent ; en affaires, le résultat est irréversible car l'objet même de la bataille disparaît : il est absorbé, mis en pièces, transformé et il l'est avec l'agrément du perdant car un compromis finit par se dessiner entre le majoritaire et le minoritaire. On gouverne en effet un pays à 52 % ; on ne peut le faire facilement en affaires car le vaincu peut mener des guerres de tranchées judiciaires et conduire des batailles d'arrière-garde.

Ainsi me suis-je retrouvé administrateur de la Société générale de Belgique au titre des perdants, arpentant cet immense hôtel particulier dont le confort arrogant m'avait donné l'idée de l'attaque. Et j'ai assisté, de la part du vainqueur, à une stratégie peu différente de la nôtre car il n'y a pas mille moyens, après une bataille financière homérique, de retrouver l'argent engagé. Le capitalisme est, au fond, une discipline simple.

Un tel épisode, dont on me parle encore aujourd'hui en Belgique, pourrait-il se reproduire ? Je ne le crois pas. La gestion des entreprises s'est formidablement améliorée en trente ans et les situations de rente et de sous-efficacité, telle la SGB, ont presque toutes disparu. Le jeu s'est incroyablement codifié sous le contrôle vétilleux de la justice et les « farces et attrapes » techniques en lisière de la réglementation sont désormais interdites. L'internationalisation du capital s'est enfin poursuivie, de sorte que les réflexes nationalistes de l'opinion n'ont plus la même ampleur. Si demain un pétrolier chinois attaquait Total, la mobilisation des pouvoirs publics serait absolue. Mais l'opinion publique en serait-elle pour autant bouleversée ?

Si l'affaire de la SGB a eu, sur le moment, un écho disproportionné et excessif, sans doute est-ce parce qu'elle incarnait un changement d'époque dans le monde économique : le triomphe de la liberté de mouvement des capitaux, l'émergence de visions transnationales et la bascule d'un capitalisme nomenklaturiste à un capitalisme d'actionnaires.

Battus, nous avions néanmoins apporté notre pierre à ce que d'aucuns ont baptisé, suivant le mot de Karl Polanyi, de « grande transformation ».

9 novembre 1989 : divine surprise ou retour de l'Histoire ?

Invité en juin 1989 à prononcer une conférence à Berlin-Est dans le seul lieu libre – le Centre culturel français –, tribut offert par la République démocratique allemande en hommage à la politique gaulliste d'indépendance, j'ai assisté à une scène qui s'est avérée prémonitoire.

Après mon exposé sur un sujet stratégique que j'ai déjà oublié, en présence d'officiels du régime, type ministres des Finances et du Plan, un assistant leva la main en fond de salle et, au lieu de m'interpeller benoîtement, se tourna vers les représentants de la nomenklatura communiste et se lança dans une diatribe violente contre le système. De retour à l'ambassade de France, sise cent mètres plus loin sur *Unter den Linden*, une fois assis dans la cage de verre si mythique des films d'espionnage et celle-ci soulevée du sol afin d'éviter toute interférence, l'ambassadrice en poste me dit : « Ce que nous venons de vivre est incroyable, sans précédent ; il se passe quelque chose de bouleversant dans ce pays. »

À l'automne, en observant passionnément les grandes manifestations de Leipzig et des autres villes – « wir sind das Volk », puis « wir sind ein Volk », glissement sémantique de l'aspiration à la liberté au vœu d'unification –, je me remémorais inlassablement le signe prémonitoire du Centre culturel français.

Le 9 novembre au soir, un dîner avait lieu chez moi et nous avions autorisé nos enfants à regarder seuls la télévision, au nom de l'argument qu'ils devaient voir l'Histoire en train de se faire : ils nous avouèrent, des années plus tard, s'être délectés de Disney Channel.

De ce dîner, je retiens, trente-cinq ans plus tard, les réactions de Thierry de Montbrial, excité par l'événement, de Dominique Strauss-Kahn et de moi-même oscillant entre émotion et perplexité, optimisme et inquiétude. Nous mîmes nos doutes parallèles sur une involontaire méfiance juive de voir l'Histoire se mettre en mouvement en Allemagne. En fait, au-delà de cet arrière-fond inconscient, apparaissait l'inquiétude des deux Européens militants que nous étions, de voir la construction communautaire mise à bas par cet ouragan historique.

Deux jours plus tard, je publiais un article dont le titre était : « Mes enfants connaîtront non pas la guerre mais des guerres en Europe » qui me valut deux réactions contradictoires. L'une de Michel Rocard, éternellement optimiste, me disant son désaccord total, tant l'espoir de paix venait de faire un pas de géant. L'autre de François Mitterrand, fort de son scepticisme et me précisant que j'avais tort car ce serait « la » guerre en Europe et non « les » guerres. Ces propos divergents témoignaient de notre difficulté à penser le monde post-soviétique.

Les guerres ? L'éclatement de la Yougoslavie et les affrontements balkaniques donnaient raison à mon pronostic, encore que dans mon esprit celui-ci visait davantage, à l'époque, l'Europe centrale. La guerre ? Le pessimisme de Mitterrand était excessif mais la violence de l'affrontement entre la France pro-serbe et l'Allemagne pro-croate montrait que le ton pouvait monter rapidement et que l'Union européenne constituait, dans ce genre de circonstances, un formidable instrument d'apaisement. En fait, c'était la question de la place à venir de l'Allemagne qui était en jeu.

Beaucoup, Mitterrand le premier, s'en tenaient au vieil adage de François Mauriac qui « aimait tellement l'Allemagne qu'il était ravi qu'il y en ait deux ». Je partageais en partie ce point de vue, moins par une crainte, fût-elle justifiable chez tout Juif, que par peur de voir une Allemagne unie s'installer au cœur du continent comme un pont entre l'Ouest et l'Est et donc abandonner sa posture de meilleur élève de la classe européenne, avec pour conséquence une perte de tonus de la construction communautaire. Il suffisait pour se convaincre de l'enjeu de comparer les déclarations de von Weizsäcker, le président de la République fédérale, Prussien originaire de Königsberg – devenu Kaliningrad – et dont la carte de l'Europe était orientée vers l'Est, de Genscher, l'inamovible ministre des Affaires étrangères, Saxon et donc davantage tourné vers l'Europe centrale, et d'Helmut Kohl, Rhénan, dont le regard se portait au-delà du Rhin, donc à l'Ouest.

Nul ne pouvait être certain, dans les jours qui suivirent le 9 novembre, du chemin qu'allait prendre le continent. On pouvait alors deviner qu'obsédés par le rêve de la réunification, d'aucuns étaient prêts à en payer le prix, c'est-à-dire accepter une neutralisation de fait de l'Allemagne. D'autres, viscéralement attachés à l'Alliance atlantique et à la construction européenne, n'étaient pas disposés à les bazarder sur l'autel de l'unité allemande. C'est en fait à la bienveillance de Gorbatchev que nous devons d'avoir connu la meilleure des évolutions : une Allemagne réunifiée, membre d'une Union européenne renforcée et d'une Alliance atlantique toujours vivace. Il aurait pu refuser cette évolution ou à tout le moins la ralentir.

C'est ce sentiment d'une table rase sur laquelle le meilleur ou le pire pouvait se produire qui m'assaillait le 9 novembre au soir. D'où un mélange de joie et d'étonnement à voir les Trabant sur le Kurfürstendamm mais aussi d'anxiété devant un abîme d'incertitudes.

20 septembre 1992 : l'Europe à pile ou face

Électeur de François Mitterrand depuis que j'ai eu le droit de vote, fallait-il que le référendum pour l'adoption du traité de Maastricht fût à mes yeux mal engagé, pour que j'écrive à la Une du *Monde* un article provocant et insolent : il appelait le président de la République à annoncer *urbi et orbi* qu'il démissionnerait en cas de victoire du OUI, de manière à transformer hypocritement l'hostilité à sa personne en militantisme européen, fût-il involontaire !

Mon propos n'était, malgré les apparences, pas dénué de sens. Pour un homme qui avait passé sa vie à rivaliser, dans son propre esprit, avec de Gaulle, sortir sur un référendum gagné aurait été une revanche sur celui qui est parti après un référendum perdu. Et que de tracas évités : une cohabitation certaine dès l'automne 92, une succession qui allait échapper à son influence, une image détériorée, en un mot une douloureuse fin de règne ! Mais c'était prêter à un animal de pouvoir une hauteur de vue et un désintéressement quasi impossibles ! Pour un Européen maladif comme moi, la perspective de voir le référendum perdu, l'euro mort-né et l'Union européenne en voie de dislocation était un motif de désespoir.

Lorsque François Mitterrand décide de soumettre le traité de Maastricht à la procédure d'approbation référendaire, nul n'est dupe de sa vraie intention : moins sanctifier la ratification par la « vox populi » que mener une opération de politique intérieure sans le moindre risque. Des sondages à l'époque stratosphériques en faveur du OUI semblent valider ce qui apparaît comme un coup de maître du vieux magicien politique. Mais suivant une règle propre aux campagnes référendaires, Mitterrand voit son avance se dissoudre, comme ce fut le cas pour de Gaulle en avril 1969. Des oppositions qui s'additionnent, mêlant les souverainismes de droite et de gauche, un excès d'arrogance des défenseurs du OUI, une campagne brillantissime de Philippe Séguin : un engrenage délétère se met en place. Mitterrand est obligé de tenter un coup de poker en défiant Philippe Séguin dans un débat contraire aux règles protocolaires. Sans doute écrasé par l'enjeu, celui-ci n'arrive pas à se défaire d'une révérence institutionnelle à l'égard de son prestigieux adversaire et aussi d'une compassion inconsciente, face à un homme dont il était en train de mesurer qu'il souffrait le martyre. Résultat : une maigrelette victoire du OUI par un point de majorité. Nul n'a offert le crédit de cette victoire à son principal auteur : convaincu par Édouard Balladur et Alain Juppé que voter NON compromettrait à jamais ses chances d'accéder à l'Élysée, Jacques Chirac a mis, fût-ce à son corps défendant, son poids au service du OUI.

Ainsi l'Europe a-t-elle été sauvée et l'euro, cet incroyable acte politique, a-t-il vu le jour. Le monde anglo-saxon a cru pendant vingt ans que la construction monétaire s'effondrerait car elle marquait une victoire du politique sur les marchés et était, à ce titre, la négation de toutes les convictions de la pensée libérale dominante.

Mais le « lâche soulagement » offert par cette médiocre victoire m'a convaincu à jamais du caractère malsain des référendums et les expériences douloureuses du vote de 2005 sur la Constitution européenne et de celui en 2016 du Royaume-Uni à propos du Brexit en ont constitué, s'il en était besoin, de définitives démonstrations. Père fondateur du blairisme, Peter Mandelson m'avait dit, au moment du démarrage de la campagne référendaire britannique, que la défaite était probable car dans un affrontement entre la raison et la passion, la seconde triomphe toujours. En fait, tout référendum est une boîte de Pandore. Il permet aux électeurs d'oublier la question de fond et de donner libre cours à leur instinct carnassier à l'égard d'un pouvoir usé. Le débat lui-même est d'une telle complexité que la digestion par l'électeur des dizaines de pages d'un traité abscons que personne – moi le premier – n'a lu de la première à la dernière ligne ne peuvent que le dégoûter. Enfin, dans une société de plus en plus individualiste, dans laquelle les acteurs sociaux s'affaiblissent et que commençait à gangrener, dès cette époque, le populisme, le référendum offrait une formidable caisse de résonance à l'anomie.

Aucune de ces vérités premières n'avait été prise en compte par François Mitterrand. Homme d'État au moment où il troque avec Helmut Kohl son accord pour la réunification allemande contre la mise en place de l'euro, de manière à arrimer l'Allemagne à l'ouest du continent, le président français n'avait pas résisté aux tentations politiciennes les plus médiocres, au risque de sacrifier sa grande œuvre européenne pour un hypothétique et maigre bénéfice à court terme.

Le soulagement de la victoire acté, j'ai tiré de l'épisode une leçon à mes yeux fondatrice : un homme politique, si grand soit-il, est toujours à la merci de raisonnements de boutiquier.

11 septembre 2001 : un cataclysme « à chaud »

Écrivant pour Le Seuil mon *Journal de l'année 2001*, c'est-à-dire une note quotidienne liée à l'actualité, j'avais le 11 septembre 2001 réagi à chaud, heure par heure, et n'avais rien changé au moment de la publication. Voici, *in extenso*, mes réactions ce jour-là et le lendemain.

Mardi 11 septembre. 17 heures. Scénario de l'apocalypse : aucun thriller ne l'aurait imaginé. Le conflit nucléaire appartenait à notre horizon, l'invasion terroriste non. C'est Pearl Harbor en pire : ce ne sont pas des militaires mais des civils qui tombent ; ce n'est pas à Hawaii mais à New York et à Washington. Pour un pays qui n'avait jamais été attaqué de son histoire, c'est un traumatisme sans équivalent. Le sentiment d'impunité propre à l'âme américaine depuis deux siècles va voler en éclats. Avec quelles conséquences ?

La peur ? L'anxiété collective ? Le désir de revanche ? La volonté de punir, s'il y en a, les États responsables ? Le bombardement ou l'invasion de l'Afghanistan ?

Cinquante ans de réflexions stratégiques sont à mettre au pilori ; le bouclier anti-missiles est à ranger au magasin des accessoires. C'est une autre guerre qui commence. Voilà l'événement historique le plus important depuis la chute du mur de Berlin.

18 heures. Nous sommes tous en train d'appeler en vain New York, inquiets pour un ami, un collègue, un ami d'enfant, un enfant d'ami... Ce n'est pas un attentat américain, c'est un attentat mondial, tant les fils sont innombrables entre New York et le reste du monde. Les terroristes ont une perception aiguë de cet Occident qu'ils haïssent ; ils en connaissent les symboles, les mythes, les fragilités, les fantasmes. De là l'inégalité du combat entre eux et nous : ils savent tout de nous et nous rien d'eux.

20 heures. Les hommes politiques sont entrés dans la danse. Bush d'abord. Premier essai : pitoyable. Deuxième essai : ferme et sérieux : le rédacteur des discours avait œuvré. Chirac égal à lui-même avec son ton de comice agricole. Blair parfait, c'est-à-dire britannique : comme d'habitude, les Anglais sont formidables quand tout va mal et insupportables quand tout va bien. Peut-être entrons-nous dans une

nouvelle forme de guerre, mais nous ne l'abordons pas avec des Roosevelt ou des de Gaulle...

Les conséquences économiques de ce drame sont aussi imprévisibles que ses effets diplomatiques. Si, saisis de peur, les Américains freinent leur consommation, le ralentissement deviendra une vraie récession. Ce peut être l'effet guerre du Golfe au carré. La Bourse pense, une fois de plus, juste, fût-ce en pleine fébrilité.

22 heures. Discussion avec un grand journaliste. Dès ce soir, il lui faut conjurer les pulsions anti-américaines de sa rédaction. Elles se terreront mais réapparaîtront une fois le choc passé.

Mercredi 12 septembre. L'émotion atténuée, quelles leçons tirer du cataclysme ?

1) C'est la fin de la césure entre le monde civil et l'univers militaire. La guerre froide n'était que la prolongation des guerres traditionnelles. C'était l'affaire des politiques et des militaires. Le danger n'est plus du côté des affrontements classiques, ni même du risque d'attaque de la part d'États incontrôlables. Les sociétés civiles constituent la ligne de front. Aussi se militariseront-elles : non au sens de leurs systèmes de valeurs, mais des protections et des systèmes de sécurité. Des batteries anti-missiles protégeront un jour les tours de La Défense...

2) Ce n'est pas une guerre qui a commencé hier. Car qui dit guerre suppose un début et une fin. Or, il n'y aura pas de dénouement ; nous allons apprendre à vivre avec un mal endémique, comme nous le faisons avec les accidents de la route.

3) Comme les Américains ne trouveront pas d'ennemi sur lequel se venger, ils canaliseront leur énergie vitale vers la reconstruction. Je prends le pari qu'ils rebâtiront rapidement les tours du World Trade Center, mais plus hautes encore.

4) Le système américain a manifesté hier un affolement auquel on peut trouver une double origine. D'une part, une inaptitude viscérale à accepter le pire puisque les États-Unis ont vécu deux siècles à l'intérieur d'un territoire protégé. D'autre part, l'incapacité des organisations américaines à réagir à des situations imprévues : efficaces quand tout est programmé, elles ne savent pas en revanche improviser.

5) Le syndrome économique du type de la guerre du Golfe ne se reproduira pas. C'est à l'époque l'envolée du pétrole qui a provoqué la récession en pesant sur le pouvoir d'achat de l'Occident, bien davantage que la déprime des consommateurs. Or, les pays arabes ne peuvent, dans le climat actuel, faire monter le baril sous peine de violentes réactions américaines.

La seule manière pour eux de raser les murs, c'est de faire couler à flots le pétrole. Aussi le ralentissement s'accentuera-t-il légèrement, mais il ne se transformera pas en dépression grave.

6) Résister à la tentation de frapper à l'aveugle, en guise de représailles destinées à satisfaire l'opinion publique, exige un courage d'homme d'État. Bush l'aura-t-il ? C'est, pour lui, le véritable test. Impossible d'en prévoir le résultat à partir de son attitude d'hier : légitimement désemparée sur l'instant, rationnelle et articulée après son retour à la Maison Blanche, mais dénuée de finesse.

7) New York est la capitale des élites internationales. Sans doute s'est-on davantage affolé à Londres, Paris ou Berlin chez les cadres, les journalistes, les classes supérieures à l'idée de perdre un proche dans les décombres de Manhattan qu'au fin fond du Nebraska. Les citoyens de l'Amérique profonde ont été blessés dans leur identité patriotique ; les cosmopolites du monde entier dans leur chair.

Sans céder à l'autosatisfaction, ce n'était pas mal vu ! Même si j'émettais des doutes, ce jour-là, sur l'aptitude des États-Unis à réagir avec justesse, je ne pouvais envisager l'enchaînement de mauvaises décisions qui allaient déchiqueter l'équilibre précaire du Proche-Orient : l'invasion de l'Irak, l'illusion du « nation building[1] », la destruction des institutions militaires, politiques, civiles irakiennes, la naissance de Daech en réaction au vide ainsi créé, la diffusion partout de ses actions terroristes.

1. La construction d'une nation.

21 avril 2002 : la honte

Comme 83 % de Français, j'ai eu honte le soir du 21 avril 2002. Honte de moi pour avoir dispersé ma voix sur la candidature secondaire de François Bayrou. Honte de nous, comme peuple vis-à-vis du monde entier. Honte dans les rues en me disant qu'un sixième des individus que je croisais ont voté pour un quasi-fasciste.

Il ne faut pas projeter sur l'épisode d'avril 2002 la situation actuelle. La vague extrémiste n'avait pas commencé à balayer l'Occident ; les populistes n'étaient une force politique nulle part en Europe sauf en France ; le parti républicain n'avait pas été dévoré aux États-Unis par le « Tea Party » et les évangélistes, sans même qu'on puisse imaginer, à l'époque, la comète Trump.

Ne revoyons pas Jean-Marie Le Pen à partir de l'image que sa fille cherche à donner, républicaine, hostile à l'antisémitisme, laïque de caricature. C'est l'homme du « point de détail » que les électeurs ont propulsé au second tour, un homme entouré d'une horde de fascistes et de nazillons, un homme attaché à marquer sa filiation avec Vichy et sa Révolution nationale, haineusement anti-gaulliste. Sans doute n'aurait-il jamais imaginé que son héritière ferait désormais le pèlerinage de Colombey-les-Deux-Églises. Les 17 % n'étaient pas perturbants au sens où ils ne préfiguraient pas un mouvement susceptible de porter leur candidat à l'Élysée mais ils étaient choquants par la symbolique qu'incarnait Jean-Marie Le Pen.

Les 42 % en 2022 de Marine Le Pen sont inquiétants, eux, car ils crédibilisent son éventuelle accession, en 2027 ou avant, au pouvoir, mais ils ne sont pas moralement choquants car ils ne témoignent pas d'une adhésion fascisante. C'est la différence entre une forme de fascisme et le populisme. S'étonner de l'absence de manifestation massive entre les deux tours de la présidentielle de 2022 comme il y en eut en 2002 n'a pas de sens, car l'adversaire a changé de nature et ne pas le comprendre, c'est se condamner à se tromper aujourd'hui de combat politique et donc faciliter l'ascension de Marine Le Pen.

La « doxa » veut qu'il faille considérer 2002 annonçant 2022 comme la nuée l'orage. Rien n'est plus faux. Nicolas Sarkozy a, en 2007, ramené Jean-Marie

Le Pen à un étiage médiocre et si Marine Le Pen a retrouvé en 2012 le niveau de son père dix ans plus tôt, elle était totalement marginalisée par les deux candidats incarnant les partis classiques de gouvernement. 2002 aurait dû être un accident. Si Lionel Jospin n'avait pas cédé à l'autosuffisance que provoquent cinq ans de pouvoir et à un calcul électoraliste sur d'hypothétiques « poches de réserve » de voix, il se serait débarrassé, au prix de concessions politiques, des candidatures de Chevènement et Taubira, et il aurait naturellement affronté Chirac au deuxième tour.

La séquence qui commence avec l'élection de 2017 est d'une autre nature : elle marque l'entrée de la France dans un étrange « tripartisme » – pour reprendre un terme accolé à la Quatrième République –, un bloc modéré encadré par deux populismes, l'un de gauche, l'autre de droite, presque de force équivalente. Rien de commun avec 2002.

Il est donc vain de battre abusivement sa coulpe sur le thème : l'avertissement de 2002 n'a pas été compris et la France en paie aujourd'hui le prix. C'était certes un signal politique mais la campagne, cinq ans plus tard, de Nicolas Sarkozy, avait montré que celui-ci avait été entendu et que la droite classique avait les moyens de fermer l'espace de l'extrême droite.

En fait, 2002 nous a bouleversés car l'accession de Jean-Marie Le Pen au deuxième tour nous a donné le sentiment que la France de Vichy n'était pas morte, qu'elle avait cheminé, tel un fleuve souterrain, et qu'elle venait de rejaillir à la surface de la politique française. C'était la négation de la croyance selon laquelle de Gaulle l'avait à jamais détruite et donc l'effondrement d'un mythe sur lequel nous vivions depuis 1945. Nous avions cru que l'OAS avait représenté l'ultime résurgence de cette France-là et que celle-ci avait désormais disparu. Sa résurrection soudaine en avril 2002 était donc insupportable.

Il a fallu nous habituer à la survie de Vichy : elle existe au sein des grands bataillons du lepénisme mais elle a su réapparaître, dans sa pureté historique, à travers la candidature en 2022 d'Éric Zemmour. Être incarnée, qui plus est, par un Juif, lui conférait une fraîcheur toute particulière : elle pouvait s'assumer sans honte et sans réminiscence historique. Il y a là un mystère dont nous ne trouvons pas aisément les clefs. Comment, écrasée, déshonorée, vilipendée, la France de Vichy a-t-elle pu persévérer dans son être ? Ni l'explication marxiste ni une vision purement historiciste ne donnent une réponse incontestable.

Est-ce à dire que, si par malheur Marine Le Pen est élue, la France de Vichy constituerait l'échelon avancé de son camp politique ? Je ne le crois pas car elle ne coïncide pas avec le populisme du Rassemblement national : elle participerait à l'alliance des forces qui auraient triomphé mais n'en constituerait pas le cœur battant. Le choc du 21 avril 2002 ne portait en germe ni ces réflexions ni ces interrogations. La honte était trop forte pour penser à chaud l'événement.

29 mai 2005 : « la victoire du peuple sur les élites »

Le jour de malheur par excellence ! Pour un Européen comme moi, quelle douche froide ! Pour un croyant au cercle de la raison, quelle humiliation ! Pour un ennemi du populisme, quelle défaite ! Je crois n'avoir guère été aussi marri que le 29 mai 2005.

Lorsque Jacques Chirac a annoncé un référendum pour approuver le traité sur la Constitution européenne, j'étais perplexe. D'abord par scepticisme à l'égard des grandes initiatives de Chirac, à l'instar de la dissolution de 1997. Ensuite par le souvenir du référendum sur le traité de Maastricht qui avait vu le couperet proche de s'abattre sur le projet. Enfin par doute devant la complexité du document, qui pouvait donner libre cours à toute tentation démagogique.

Dès le début de la campagne, nous, les Européens militants, étions mal partis, acculés par des accusations de libéralisme échevelé, incapables de délivrer un message simple et progressivement entraînés dans un tourbillon médiatique où nous perdions pied. S'ajouta le coup de grâce donné par Laurent Fabius apportant une prétendue caution d'homme d'État au vote du « peuple contre les élites ». Une justice immanente existant en politique, il ne fut pas récompensé pour ce geste d'un cynisme ahurissant et y perdit toute chance d'être candidat à l'élection présidentielle. Mais sentir le sol se dérober de jour en jour sous nos pas n'enleva rien à la violence du choc lorsque les télévisions annoncèrent 55 % pour le NON.

S'imposa très vite une désarmante interprétation : la revanche du peuple contre les élites. Absurde raisonnement car, si les élites représentaient 45 % du pays, celui-ci serait extraordinairement démocratique, accomplissant par les urnes le fantasme de l'égalitarisme révolutionnaire. Mais rien ne pouvait contrecarrer ce message binaire et empêcher que s'établisse la conviction d'un pays coupé en deux entre le peuple et les élites. Celle-ci s'est perpétuée jusqu'à aujourd'hui et a accompagné l'irrésistible ascension du populisme, en lui donnant une épine dorsale conceptuelle.

Lorsque Nicolas Sarkozy annonça courageusement, lors de sa campagne présidentielle de 2007, qu'il proposerait l'élaboration d'un traité simplifié, reprenant les grandes lignes du projet constitutionnel, et qu'il le ferait approuver par la voie parlementaire, il fut accusé de déni démocratique. Extraordinaire aveu du camp populiste qui niait au Parlement une légitimité égale à celle du suffrage direct, à rebours des conceptions de la démocratie représentative sur lesquelles nous vivons depuis plus de deux siècles. Et le traité de Lisbonne, approuvé le plus parfaitement du monde, souffre aux yeux de beaucoup de ce péché originel.

La « pensée unique » a changé de camp. Ce sont ceux qui la combattaient, quand elle rimait avec une économie sociale de marché pro-européenne, qui désormais l'incarnent et occupent le haut du pavé, avec leur refrain du peuple en guerre contre les élites incarnées par « l'État profond », expression utilisée de conserve paradoxalement par Donald Trump et Emmanuel Macron. Celui-ci, qui avait compris le basculement symbolisé par l'échec de 2005, a édifié sa campagne de 2017 sur une forme de populisme « central », demeurant idéologiquement dans le camp de la raison mais adoptant politiquement les canons du populisme.

Tel est le résultat paradoxal du 29 mai 2005. La construction européenne a repris son chemin après ce choc, et les nécessités récurrentes « d'une Union à chaque fois plus approfondie » – comme l'énonce le traité de Lisbonne – ont prévalu. En revanche, la signification accordée au résultat du vote a dessiné une carte idéologique dans laquelle se situent désormais tous les débats. Le « peuple » ignoré, le « peuple » répudié, le « peuple » marginalisé et les « élites » exerçant à ses dépens toutes les formes d'abus de pouvoir.

Impossible de rétablir quelques vérités de base. Les catégories sociales qui soutiennent l'économie sociale de marché et l'Europe ne se résument pas aux « happy few[1] » du capitalisme globalisé, même si elles sont désormais moins nombreuses qu'hier. La distinction plus opératoire de Goodhart sur les « anywhere » et les « somewhere » [2] ne recoupe pas la césure peuple versus élites : toutes ces dernières appartiennent certes aux « anywhere » mais aussi certaines catégories populaires, à commencer par les étudiants.

Enfin, il serait de bon aloi de ne pas abandonner les réflexions, en termes de classes sociales, de faire preuve d'un peu de culture marxiste (!) et de ne pas se laisser embarquer dans des « catégories-valises » aussi fumeuses que dangereuses.

Le 29 mai 2005, j'ai au fond eu le sentiment d'appartenir à un camp qui venait de perdre une bataille non politique mais idéologique.

---

1. Les heureux peu nombreux au sens littéral.

2. Les « anywhere » : ceux qui sont à l'aise dans le monde – les « somewhere » : ceux qui sont attachés à leurs racines.

12 octobre 2008 : le jour où le système capitaliste a failli mourir

Le vendredi 10 octobre 2008, je me suis demandé – j'espère pour la seule fois de ma vie – comment j'organiserai les revenus de ma famille et protégerai leur niveau de vie. Question hallucinante qui, vue d'aujourd'hui, semble relever d'une paranoïa incontrôlée et qui, pourtant, était légitime.

Après la faillite de Lehman Brothers, les Bourses s'étaient effondrées et pire, le système bancaire était en voie de se congeler. Les banques ne se prêtaient plus entre elles. Elles avaient, toutes, reçu de leurs gouvernements respectifs l'assurance théorique qu'ils ne les laisseraient pas mourir. Mais au fond elles n'y croyaient pas. Ne pas prêter à un établissement collègue, c'est penser qu'il peut tomber en faillite et que l'État n'y pourra rien. Mais comme la banque qui refusait de prêter avait reçu la même garantie informelle que sa consœur, elle avouait, à travers son refus, qu'elle prenait les assurances de la puissance publique pour « de la roupie de sansonnet ». Les seuls marchés ouverts étaient ceux des actions et des devises ; tout le reste du système financier était aux abonnés absents.

Aux États-Unis, la panique régnait de la Maison Blanche à Wall Street, le pouvoir exécutif était aux abois et le spectre de 1929, si ancré dans la mémoire collective, revenait au galop.

À Londres, privilège du tempérament national, le courage et le sang-froid semblaient davantage au rendez-vous. Le mercredi 8, Gordon Brown, alors Premier ministre, avait nationalisé la moitié des grandes banques et surtout avait annoncé une mesure absurde et géniale qui témoignait de l'empirisme britannique. Puisque deux banques sous garantie publique ne se faisaient pas confiance et ne se prêtaient pas, le Trésor allait garantir les prêts eux-mêmes. C'était « l'œuf de Colomb ».

À Paris, Nicolas Sarkozy, alors président du Conseil européen, convoqua pour le dimanche 12 octobre tous les États membres de la zone euro et maintenait un dialogue intense avec Gordon Brown. Mais ces manœuvres, encore en coulisses, ne touchaient pas l'opinion publique. Celle-ci s'affolait et le vendredi 10, les clients commençaient à faire la queue devant les banques pour retirer de l'argent liquide ; le gouvernement avait discrètement appelé les chaînes de télévision à manifester leur sens des responsabilités et il leur avait demandé de ne pas montrer d'images des queues devant les agences bancaires. Si rien de décisif n'était annoncé pendant le week-end, la panique deviendrait exponentielle ; les demandes de retraits ne pourraient être satisfaites ; le gouvernement serait obligé de les plafonner et de mettre la police devant les agences pour canaliser ou calmer d'éventuelles émeutes. C'était le saut dans l'inconnu avec, en contrepoint, le souvenir de l'Allemagne des années trente.

Tels étaient le climat psychologique chez les gouvernants et l'atmosphère dans laquelle ils préparaient fébrilement la réunion du dimanche. Si inquiète fût-elle, l'opinion ne mesurait heureusement pas l'angoisse qui taraudait les décideurs.

Bien préparée par les équipes françaises, la réunion de l'Élysée fut brève. À 21 heures, Nicolas Sarkozy, José Manuel Barroso, Jean-Claude Trichet et Jean-Claude Juncker[1] tinrent une conférence de presse pour annoncer un dispositif qui reproduisait, chez chaque pays membre de la zone euro, la politique britannique : nationalisations autant que de besoin, garantie des prêts interbancaires. Alignés côte à côte, les quatre décideurs ressemblaient aux cavaliers de l'apocalypse

1. Président du Conseil européen, président de la Commission, président de la Banque centrale européenne, président de l'Eurogroupe.

aux yeux de ceux qui mesuraient les enjeux. Descendu de la tribune, Nicolas Sarkozy m'appela pour me demander mon impression. Je lui répondis : « Vous étiez quatre joueurs de poker en train de faire tapis; on saura à 23 heures si vous avez gagné ou si nous sommes morts. » Pourquoi 23 heures ? Parce que la Bourse de Sydney ouvrait et que le verdict sur le plan européen serait prononcé, au nom de la mondialisation, à 20 000 kilomètres de Paris. Sydney s'envola et le monde était sauvé !

La suite devenait facile : le système bancaire se remit en mouvement, l'économie retrouva son oxygène et l'ordre économique revint progressivement.

Pourquoi étions-nous passés à un mètre du désastre absolu ? Nous avions connu dans le passé maintes crises boursières mais c'était la première crise bancaire de l'après-guerre. Les effondrements des Bourses suivent un scénario huilé : les cours tombent ; les banques centrales injectent massivement des liquidités ; les taux d'intérêt baissent et les actions remontent progressivement. Au bout de quelques mois, l'effondrement boursier n'est qu'un souvenir et les séquelles macroéconomiques en général inexistantes. Une crise bancaire est d'une autre nature : c'est l'équivalent, en économie, d'une thrombose sanguine et le système peut en mourir.

Les gouvernements et les banques centrales réagirent ensuite avec beaucoup d'intelligence ; ils augmentèrent les exigences de fonds propres des banques, les encadrèrent dans des règles strictes, les transformant de fait en un service public de l'argent, avec des taux de rentabilité bancaire conformes à ceux des concessions autoroutières ou de l'électricité.

Que ce soit au moment même de la crise ou dans les années ultérieures, gouvernements et banques centrales ont fait leur devoir et je me plais souvent à répéter que, si leurs prédécesseurs avaient mené la même politique dans les années trente, nous aurions peut-être échappé à Hitler et à la Seconde Guerre mondiale.

23 juin 2016 : le deuil des anglophiles

J'ai vécu à Londres, la nuit du Brexit, la lente descente de la courbe des OUI, le croisement des lignes, l'air de désespoir des journalistes dont les yeux de chiens battus ne pouvaient dissimuler les préférences.

Face à l'annonce de ce référendum, coup de dés lancé pour régler une querelle interne au parti tory, j'essayais de me rassurer en m'abritant derrière ce mot cruel de Napoléon, « une nation de boutiquiers ». Si les Anglais étaient en effet des boutiquiers, comment imaginer qu'ils prendraient une décision à rebours de leurs intérêts ? Mais à l'inverse, résonnaient dans ma tête ces mots, déjà cités, de Peter Mandelson, l'inventeur du New Labour : « Dans un duel entre la passion et la raison, c'est nécessairement la première qui l'emporte. » C'était le référendum de 2005 sur la Constitution européenne qui se répétait outre-Manche : l'incapacité des tenants du réel de se faire entendre, les angoisses et les phobies sur lesquelles surfaient les partisans du NON, la bénédiction donnée par un homme d'État – ici Fabius, là Johnson – à une posture à rebours de leur nature profonde, la vague porteuse du ressentiment contre les arguments besogneux du OUI...

Pour tout militant européen, les 52% du Brexit étaient à la fois une blessure et un désaveu. Tels étaient mes sentiments mais ils atteignaient un degré que je trouvais moi-même excessif. Pourquoi ? C'était l'effet naturel de mon anglophilie maladive. Ce pays m'a toujours fasciné. Que cette petite île ait dominé un quart de l'humanité était une source illimitée d'admiration. Qu'elle ait tenu sous son joug l'immense péninsule indienne m'impressionnait. Qu'elle l'ait fait avec moins de 1000 fonctionnaires civils en pratiquant une colonisation par délégation à travers les élites locales m'est toujours apparu saisissant. Qu'elle ait pratiqué l'art de l'influence partout dans le monde quand elle ne pouvait exercer un pouvoir direct m'a toujours semblé une marque de supériorité.

De même ai-je toujours pensé que seule la technocratie britannique était supérieure dans le monde occidental à l'énarchie française. Une diplomatie hors pair, un Trésor d'un niveau exceptionnel, des services secrets avec lesquels seuls les Israéliens peuvent rivaliser, une culture militaire qui n'a d'égale dans le monde que la nôtre : autant de caractéristiques qui ont permis si longtemps au Royaume-Uni de « boxer au-dessus de son poids » – comme on dit en anglais. Enfin et surtout, j'appartiens à une génération qui sait que sans Churchill, elle ne serait pas née. Pour un Français élevé dans le culte de la Résistance et dans l'incompréhension de « l'étrange défaite », la grandeur britannique en 1940 est un objet de révérence absolue, quitte à oublier à quel point le choix du courage à Londres s'est joué au millimètre près et que la nomination d'Halifax, l'héritier naturel de Chamberlain, au 10 Downing Street aurait dessiné un tout autre cours de l'Histoire.

Au degré d'anglophilie irrationnelle qui était le mien, l'incompréhension ne pouvait être qu'absolue dans la nuit du 23 au 24 juin 2016. Comment croire collectivement aux fadaises énoncées par Boris Johnson et ses sbires ? Comment ne pas voir le prix économique à payer et l'inévitable décote de la livre sterling, intervenue dès les sondages faits à la sortie des urnes ? Comment perdre le « levier d'Archimède » que l'Union européenne offrait au Royaume-Uni, ce « levier d'Archimède » que de Gaulle voyait jouer en faveur de la France et dont les Britanniques avaient fait un usage au moins aussi intelligent ?

Il y avait aussi, écrit à l'encre sympathique, dans mon désespoir, la crainte si naturellement française de rester en tête à tête avec l'Allemagne. Si attaché à la réconciliation franco-allemande que je le suis, si admiratif devant la manière dont la République fédérale a assumé et donc dominé son passé, si à l'aise qu'un Juif puisse se sentir à Berlin, il ne demeure pas moins, à mes yeux, que le lien entre la France et l'Allemagne relève d'un choix nécessaire mais non de l'émotion.

Avec les Britanniques, nonobstant les chausse-trapes, les péripéties, la complicité est naturelle. Je ne l'ai jamais ressentie autant qu'à Versailles, le soir du dîner d'État offert au roi Charles. L'air était magique, l'amitié spontanée, la soirée de rêve : jamais, dans le même lieu, un esprit identique n'aurait régné avec les Américains – trop de vulgarité – ou avec les Allemands – trop d'application besogneuse. Français et Anglais sont antinomiques et gémellaires. S'ajoute, quand le vent de l'Histoire souffle, une solidarité évidente. Les médias n'ont jamais mis en valeur le traité de Lancaster autant qu'il le méritait. Celui-ci établit que chaque partie considère « les intérêts vitaux » de l'autre partie comme les siens. Or « intérêts vitaux » signifie nucléaire ; donc les deux pays se sont octroyé une garantie nucléaire. Ce n'est pas rien...

Je me demandais, le 23 juin, si je verrais, de mon vivant, le Royaume-Uni revenir, toute honte bue, dans l'Union. La question demeure ouverte mais, adhésion ou non, les Britanniques vont se rapprocher pas à pas de l'Europe. La menace russe couplée à un isolationnisme américain, qu'occulte temporairement la présence de Biden à la Maison Blanche, les y obligera. Ce ne sont pas les gammes ridicules sur le thème de « global Britain » qui se substitueront, vis-à-vis de Pékin ou de Moscou, à une solidarité obligée avec les pays du continent.

Il demeure néanmoins trois leçons à garder de l'épouvantable épisode du Brexit : les référendums peuvent conduire au pire ; certaines décisions engagent l'avenir pour des décennies et sont difficilement réversibles ; les bêtises ont toujours un prix élevé.

7 octobre 2023 : éternelles « réflexions sur la question juive »

Aucun Juif n'échappe à ce questionnement. Pour ma part, je l'avais réglé avec deux affirmations. D'abord en me définissant comme Européen, Français, accessoirement Juif et accordant une importance extrême à l'ordre de ces mots. Ensuite pour ce qui concerne l'expression ambiguë et provocante d'« accessoirement Juif », je l'avais, elle aussi, tranchée en me définissant comme Juif au sens sartrien du terme, c'est-à-dire dans le regard de l'autre. C'était une situation globalement confortable et, au moins à mes yeux, claire. Elle permet de rappeler la réponse si spirituelle de Golda Meir à Henry Kissinger qui lui dit : « Je suis Américain et Juif » et auquel elle répondit : « Ça tombe bien, en hébreu on lit de droite à gauche. » Mais ma posture conduit naturellement, j'en suis conscient, à une dose éventuelle de déni.

Le 7 octobre, outre le choc, l'horreur devant la violence inimaginable de cette « razzia », ce massacre ancré dans l'histoire arabe, j'ai mesuré combien les Juifs étaient bouleversés par ce qu'ils ressentaient comme une résurgence de l'antisémitisme et la résurrection du traumatisme de la Shoah. Sans doute ai-je réagi à l'avenant mais, je le confesse, de manière très atténuée. Et je me suis naturellement interrogé sur l'impact de l'événement vis-à-vis de ma propre identité. Ainsi ai-je été frappé par maintes réactions, telle celle de Daniel Cohn-Bendit dont le judaïsme était jusqu'alors au moins aussi en pointillés que le mien, et qui s'est déclaré juif avant tout. De même ai-je été impressionné par l'intensité dramatique des positions de Bernard-Henri Lévy que j'ai toujours connu pro-israélien, mais dont la solidarité avec l'État hébreu avait pris soudainement une forme quasi ontologique.

L'événement absorbé, pour autant qu'il puisse l'être, je me retrouve inchangé dans ma posture d'« Européen, Français, accessoirement Juif ». Pourquoi ? À mes yeux, ce drame est d'abord israélien même s'il concerne évidemment le monde juif, compte tenu du statut attribué à l'État hébreu de refuge ultime pour les Juifs du monde entier. Israël et le judaïsme ne se superposent néanmoins pas totalement. Si l'antisionisme exacerbé est une forme d'antisémitisme, les Juifs ne peuvent s'identifier complètement, à mes yeux, à Israël.

Rien ne justifie l'horreur du 7 octobre, qui échappe aux canons classiques du terrorisme. Celui-ci trouve certes son aliment dans la politique suivie par Israël, en matière de colonisation et *a fortiori* depuis l'accession dans son gouvernement de deux vrais fascistes. On ne peut, non plus, oublier le consensus implicite entre d'une part les pays arabes sunnites, tous en guerre avec les Frères musulmans et leur démembrement le Hamas, et d'autre part Israël, concentré sur la poursuite des accords d'Abraham, pour faire une croix sur la question palestinienne. Fallait-il un incroyable sentiment d'insouciance et d'impunité dans l'État hébreu pour laisser des jeunes danser à trois kilomètres de Gaza ? Une attaque terroriste n'était pas une surprise. La violence qui l'a accompagnée est stupéfiante et est d'une nature différente.

C'est là qu'à la dimension israélienne se substitue la question juive. Le terrorisme anti-israélien a été, de 1947 à 2023, plutôt tristement classique, conforme à un type d'actions que pratiquaient, de façon similaire, l'IRA irlandaise ou l'ETA basque. La sauvagerie de la tuerie, elle, donne l'impression d'avoir traversé les siècles et les distances, au point de rapprocher les pogroms d'Europe centrale et l'animalité du Hamas, comme si l'antisémitisme le plus violent traversait l'Histoire, un peu comme le Rhône le lac de Genève. Si l'on se convainc de cette incroyable continuité, on ne peut que penser à une irréductible fatalité de l'antisémitisme, ce qui interdirait de se sentir « accessoirement Juif ».

Je ne parviens pas, peut-être à tort, à me résoudre à une telle perpétuation de la barbarie et je m'illusionne en expliquant cette folie sauvage par les drogues avalées par des tueurs qui savaient aller, pour ce qui les concernait eux-mêmes, à la mort. Mais, me dira-t-on, la traînée d'antisémitisme qui a parcouru le monde témoigne de la fatalité et de la centralité du phénomène. Là aussi, je m'invente une analyse rassurante, du moins en France. Celle-ci comporte les plus importantes communautés juive et musulmane d'Europe. Certes, le nombre des actes antisémites s'est envolé mais peu ont heureusement débouché sur des violences physiques. Alors qu'au Royaume-Uni, trois cent mille manifestants défilent avec pour slogan « une Palestine de la mer à la rivière », ce qui équivaut à la destruction d'Israël, de maigres rassemblements place de la République ont mobilisé quelques milliers de participants, pour la plupart militants de La France Insoumise issus du « boboland », c'est-à-dire des quartiers environnants. On ne peut certes ignorer qu'il n'y a plus d'enfants juifs dans les écoles publiques de Saint-Denis et que les professeurs s'autocensurent à propos de la Shoah. Mais le modèle universaliste français, fût-il mal en point, résiste mieux que le modèle communautariste anglo-saxon. De même la société institutionnelle s'est-elle dressée unanimement

– Rassemblement national au premier rang – contre l'antisémitisme, faisant dès lors de celui-ci l'apanage d'une extrême gauche qui veut édifier la population musulmane en substitut de la classe ouvrière comme moteur de l'Histoire.

J'ai l'impression, pour tout dire, que la société française a mieux résisté que d'autres à l'onde de choc du 7 octobre 2023. Je suis conscient que ma litanie d'arguments peut sembler apologétique aux seules fins de ne pas perturber mon identité d'« Européen, Français, accessoirement Juif ». Est-ce le fruit d'un aveuglement et d'une volonté douillette de s'autoprotéger, comme ces Juifs allemands qui pensaient être à l'abri de l'antisémitisme nazi ? Je garde certes à cet égard à l'esprit la remarque de Billy Wilder : il y avait deux types de Juifs avant la Seconde Guerre mondiale, les optimistes et les pessimistes. Les pessimistes ont fini à Hollywood, les optimistes à Auschwitz. Mais ashkénaze optimiste, je demeure convaincu que la boutade est désormais fausse.

9 juin 2024 : la dissolution ou la bêtise absolue en politique

Quand un homme incontestablement intelligent commet un acte d'une absolue bêtise, c'est dans la psychologie qu'il faut chercher une explication. Seule la passion peut justifier ce que la raison ne comprend pas. Le geste d'Emmanuel Macron, décidant de dissoudre l'Assemblée nationale alors que rien ne l'y contraignait politiquement, avec pour perspective certaine une défaite humiliante de son camp, ne fait que traduire un narcissisme poussé jusqu'à un niveau pathologique, avec pour corollaire un total déni de la réalité. Vexé par le score minable de sa liste aux élections européennes, l'enfant-roi a cassé son jouet. Il a oublié en chemin toute analyse, tout raisonnement, toute fidélité à ses troupes, toute éthique politique. C'était jouer à la roulette russe avec cinq balles dans le barillet, et, à la clef, le pire traumatisme politique que la Ve République aura connu en cinquante ans. Aucun homme politique responsable n'aurait ainsi tenté le sort mais aucun d'entre eux ne serait, non plus, devenu Macron, cet ovni dont l'insolente réussite avait défié toutes les lois de la pesanteur politique. Entré dans la sphère publique sur un coup d'audace qui confinait à la folie, il va en sortir de la même manière, l'audace s'étant muée en inconséquence et la folie en pulsion suicidaire. Le destin de Macron est une version hypercontemporaine d'un drame shakespearien. Ce serait une tragédie fascinante sur le plan théâtral, jouée par un apprenti acteur qui a toujours confondu la société avec les planches, s'il n'y avait, en jeu, le destin de la France. Pays éminemment politique, celle-ci voit son avenir bien davantage conditionné par l'exercice du pouvoir que ne le sont ses principaux voisins et partenaires. La Ve République a représenté l'apogée d'un pouvoir qui s'est perpétué en ligne directe de Louis XIV à Napoléon, de celui-ci à de Gaulle, de ce dernier jusqu'à ceux qui ont fait simulacre de lui succéder. Pouvoir hypermonarchique, pouvoir vertical, pouvoir absolu qui a servi de colonne vertébrale à une société qui en était démunie. Mais cette filiation a rempli positivement son rôle aussi longtemps que le monarque était intelligent, qu'il savait maîtriser ses instincts et que la société parvenait à contrôler ses propres embardées. Ces deux conditions se sont simultanément volatilisées : le monarque n'a su dominer ni son hubris, ni son narcissisme, ni sa conviction d'être l'élu des dieux à défaut de l'être de Dieu ; la société s'est laissé envahir par une lame de fond faite de ressentiments et de passions tristes. Si

Macron avait eu la lucidité de comprendre cet état de fait, il n'aurait jamais dissous l'Assemblée nationale. Il aurait mesuré, au moins partiellement, l'usure de son pouvoir, le ressentiment que suscite sa manière de l'exercer, l'impossibilité de satisfaire éternellement la population de bilans raisonnables. De même aurait-il compris que les passions tristes vis-à-vis desquelles il n'a cessé d'afficher sa méfiance viscérale avaient trouvé une incarnation politique dans un parti, le Rassemblement national, soudainement devenu la force dominante interclassiste et intergénérationnelle qu'avaient été en leurs temps le parti gaulliste puis le parti socialiste. Conscient de ce double phénomène, il aurait tout fait pour retarder le moment où ils allaient entrer en résonance. Au lieu de gagner du temps, de ruser avec ces perspectives, d'essayer de les éviscérer, il a décidé au contraire, sans mesurer ce qu'il faisait, de leur offrir l'occasion inattendue de se cristalliser. Macron n'a pas offert à la France l'avenir qu'il imaginait mais le choix entre deux alternatives, l'une et l'autre répulsives. Soit le retour à un régime d'Assemblée, beaucoup plus ingouvernable que ne le fut la IVe République car celle-ci ne fut jamais confrontée à une tripartition aussi rigide de l'hémicycle, le Parti communiste étant un joueur plus gérable que ne le sont les Insoumis. Pendant la seule période où il y eut en scène les deux extrêmes, la droite était représentée par le RPF, parti certes dictatorial mais dont le héros s'appelait de Gaulle et non Le Pen. Soit une quatrième cohabitation mais non entre un président aux antécédents et à l'expérience politique incontestables – Mitterrand et Chirac – et un parti d'opposition pilier de l'arc républicain, gaulliste ou socialiste, mais entre un président Macron dont le savoir-faire politique est douteux et un parti, le Rassemblement national, dont la fidélité aux principes de l'État de droit demeure encore problématique. Quel que fût l'angle sous lequel la décision solitaire de Macron le 9 juin 2024 était examinée, elle aboutissait à une situation gravement dégradée par rapport à celle qui prévalait encore la veille. Y a-t-il pire initiative que celle qui conduit à détériorer, dans tous les cas de figure, un état de choses auquel elle croyait remédier ? La dissolution, donc, ou la bêtise absolue en politique !

III. IDÉES FIXES

De la télématique à l'I.A.

Lorsque Simon Nora et moi avons publié en 1978 notre *Rapport sur l'informatisation de la société*, l'angoisse et les questions relatives à ce phénomène étaient telles que ce livre austère eut un stupéfiant succès – plusieurs centaines de milliers d'exemplaires vendus, un déluge médiatique, une audience internationale inattendue. Ce n'était pas un hommage rendu à notre talent mais un formidable révélateur. Quelles étaient les préoccupations ? La mutation technologique, l'emploi, les effets sur la culture et l'éducation, la domination industrielle, l'évolution du contrat social…

La rupture technologique ? Nous l'avions, à l'époque, baptisée télématique, c'est-à-dire la fusion des télécommunications et de l'informatique dans un immense réseau dans lequel allaient circuler voix, images, données. C'était objectivement assez prémonitoire… Le mot télématique allait, dès lors, faire florès, avant d'être submergé par l'expression internet qui recouvrait la même réalité. Dommage pour notre ego, car léguer un mot à la postérité nous aurait offert une petite parcelle d'éternité. Pendant une période, l'irruption des micro-ordinateurs non connectés pouvait faire penser qu'un système se développerait sans réseau, donc décentralisé et libertaire. Cela aurait mis à bas notre prédiction. Mais tous les ordinateurs se sont finalement connectés, donnant raison à notre prophétie.

La deuxième étape, celle de l'internet, a offert une dimension exponentielle au phénomène avec le téléphone mobile devenu un terminal de grande puissance.

La troisième dans laquelle nous pénétrons, celle de l'I.A., ne correspond pas, sur le plan des réseaux, à un changement de nature, mais de degré : davantage de puissance de traitement à véhiculer en une nanoseconde, des bases de données omniprésentes.

Mais l'angoisse collective se reproduit à chaque stade : télématique, internet, I.A. C'est l'éternelle peur de devenir le jouet d'une technologie et de ne plus savoir la maîtriser.

L'emploi ? L'Histoire, là aussi, bégaie. Nous avions, en 1978, affirmé que la télématique allait entraîner des réductions massives d'effectifs dans le monde des services et en particulier dans les banques. Nous nous sommes trompés sur les délais. Le corporatisme et le protectionnisme des institutions financières ont retardé l'échéance mais ce déclin a évidemment eu lieu. L'irruption de l'internet a renouvelé les inquiétudes : les baisses d'effectifs ont en fait continué, concernant au premier chef les emplois bureaucratiques, les fonctions supports de toutes les entreprises, l'ensemble des services et les postes de travail automatisables de l'industrie. Mais suivant la loi intangible de l'économie de marché, d'autres emplois se sont créés et le chômage n'a globalement pas augmenté dans les pays dont le marché du travail est raisonnablement flexible.

Le marché crée, chacun le sait, de l'efficacité et des inégalités. Quand il fonctionne à pleine vitesse, sous l'impulsion de la révolution numérique, il crée beaucoup d'efficacité et beaucoup d'inégalités. Il en est allé ainsi avec la télématique, puis l'internet. Il en ira de même avec l'Intelligence artificielle (I.A.). Les mêmes interrogations se font jour en matière d'emplois. Chacun se plaît à imaginer l'automatisation de métiers jusqu'alors protégés, telle, parmi tant d'autres, la fonction juridique. Comme à chaque nouvelle poussée technologique, on imagine le choc plus violent que dans les périodes antérieures et on doute donc qu'il puisse être absorbé aussi aisément que dans le passé.

Cette problématique n'est pas née avec la télématique. Elle a accompagné toutes les mutations techniques de l'économie capitaliste, mais il est vrai qu'avec l'informatisation de la société, des pans entiers, jusqu'alors préservés, de l'économie ont commencé à basculer. L'I.A. n'est qu'un stade supplémentaire de cette mutation. Il n'y a, en fait, en matière d'emploi, rien de nouveau sous le soleil depuis 1978.

Les effets sur la culture et l'éducation ? Nous anticipions à l'époque un bouleversement des méthodes éducatives, des modes d'acquisition du savoir et donc une mutation de ce dernier. Nous devinions que l'appropriation des outils techniques valoriserait la capacité de chercher la bonne information, plutôt que le simple jeu des connaissances. Et face au problème récurrent de l'accroissement ou non des inégalités dans ce nouveau contexte, nous affirmions haut et fort que la technique est neutre et que seuls les modes d'organisation que la société se donne à elle-même pèsent sur le niveau d'inégalité.

Affirmerais-je aujourd'hui la même pétition de principes ? Je le crois. Avant-hier la maîtrise des sites télématiques, hier l'usage de Google, aujourd'hui le recours à ChatGPT, demain l'irruption d'interfaces encore plus puissantes ne changent pas cette problématique. Un système éducatif flexible et mobile sait absorber les chocs technologiques. Il peut les utiliser comme un moyen de limiter les effets discriminants du « capital culturel » cher à Bourdieu.

Mais à l'inverse, la révolution numérique est susceptible d'ajouter une strate supplémentaire au capital culturel et donc en accentuer la puissance inégalitaire. Mais ce sont la société, ses institutions, l'organisation de son système éducatif qui font la différence et tirent du saut technologique le meilleur ou le pire. Pour ma part, je n'ai pas varié de conviction. Si beaucoup pensent que l'I.A. va aggraver le spectre des inégalités éducatives et culturelles, ils se trompent de coupable. Cela démontre simplement que, trop rigide, notre système ne sait pas retourner ces avancées technologiques successives au profit d'un effort réussi de démocratisation.

La domination industrielle ? Tout notre rapport était en 1978 tourné vers la capacité qu'aurait notre économie d'échapper à la toute-puissance d'IBM. Nous avions à la fois raison et tort. Raison sur le fait que toute révolution technologique engendre des positions de surpuissance au profit d'une ou de quelques entreprises. Tort sur la pérennité, au sommet du capitalisme, d'IBM. Celle-ci a perdu son ascendant, s'est coupée en plusieurs morceaux pour survivre et ne représente désormais qu'un acteur informatique parmi d'autres. Avec l'internet, un autre moloch est apparu : Google, suscitant les mêmes interrogations qu'IBM en son temps. C'est-à-dire le cumul, en une même entreprise, d'une position de domination économique, d'une capacité de peser sur les libertés publiques et de remodeler les droits du citoyen. L'inquiétude face à ce nouveau monstre industriel est, *mutatis mutandis*, de même ampleur.

Si Google n'a pas encore connu la même *capitis diminutio* qu'IBM, le processus est désormais en cours. L'intervention qui se dessine à l'horizon, de la Federal Trade Commission et de la Commission de Bruxelles, va sérieusement écorner la domination de Google, soit parce que l'entreprise sera contrainte de se couper en morceaux, comme la Standard Oil of New Jersey au début du vingtième siècle ou ATT dans les années quatre-vingt, soit parce que pour maintenir son identité, elle devra accepter de tels remèdes aux abus de concurrence qui lui sont imputés, qu'elle en sera durablement affectée dans son ambition de développement.

De même l'appareil judiciaire a-t-il rattrapé Google sur les questions de droit à l'oubli et le Parlement européen a-t-il lancé la législation sur les droits voisins pour protéger la presse. On peut penser qu'il en ira de même pour l'I.A., à une différence près. Je ne crois pas que naîtra un « Google de l'I.A. » comme était né un « Google de l'internet ». Ce sont les grands du Web, les GAFAM, qui seront les acteurs dominants de l'I.A. et qui subiront les contraintes que l'État de droit imposera pour protéger les citoyens.

En 1978 prévalait l'opinion qu'il fallait, en face de l'impérialisme d'IBM, susciter des acteurs nationaux au nom de la souveraineté industrielle. De là, à l'époque, la conviction que la partie se jouait dans la maîtrise des télécommunications et donc dans l'implication de France Télécom – aujourd'hui Orange – dans l'univers informatique au nom de la fusion télématique, c'est-à-dire télécommunications-informatique. Ce temps-là, lui, est révolu. Il aurait été possible de dresser les grands des télécommunications en face des géants de l'internet. Encore aurait-il fallu que Bruxelles autorisât l'industrie des télécommunications à se concentrer et imposât aux GAFAM de payer les opérateurs pour leurs bandes passantes dont ils sont gratuitement les principaux usagers. Cette bataille-là est perdue, preuve s'il en est que le champ capitaliste est, lui, mobile et que les rapports de forces s'établissent de façon irréversible. L'enjeu de souveraineté demeure mais il se joue dans la capacité, pour l'Europe, d'imposer aux GAFAM des contrefeux juridiques sur lesquels Washington finit par s'aligner et de promouvoir un écosystème dont émergeront quelques belles réussites. Mais il n'y aura jamais un groupe européen d'une taille suffisante pour rejoindre le club fermé des GAFAM.

Le contrat social? Notre conviction, en 1978, était limpide : la révolution informatique pouvait être un utile adjuvant à la mutation de la société vers davantage de contractualisation, de décentralisation, de partage des pouvoirs. Il était douillet pour Simon Nora et moi de trouver dans l'informatisation une alliée pour dessiner la société dont nous rêvions et pour servir de bras armé au réformisme. Nous étions lucides sur le fait qu'elle pouvait aussi contribuer à bâtir une société dure, voire dictatoriale, mais nous pensions qu'il appartenait aux acteurs sociaux d'en faire le meilleur usage. De ce point de vue, au regard du monde d'aujourd'hui, cette approche est quasi préhistorique! L'irruption des réseaux sociaux, inconnus il y a quarante ans et à l'époque difficilement imaginables, bouscule le contrat social dans des proportions cosmiques. Ils sapent les normes de pouvoir, les formes de solidarité, les modes d'appropriation du savoir, la hiérarchie des institutions, la réalité même de la citoyenneté classique. Face à eux, nous sommes, avec nos modes de pensée à l'ancienne, comme « des lapins dans les phares de la voiture ». Il n'existe de réflexion ni politique, ni sociologique, ni philosophique puissante face à cet ouragan.

Pourrait-on aujourd'hui mener sur ces sujets un exercice analogue à celui que nous avions conduit, il y a un demi-siècle, sur l'informatisation de la société? Je ne le crois pas. Fallait-il un pouvoir hiérarchique et absolutiste pour que, conscient plus que la plupart d'une grave question de société, le « roi » demande à un esprit éclairé – Nora –, lequel se fait aider par un jeune à l'intelligence délurée – moi –, d'établir une théorie du phénomène et d'en faire la pédagogie vis-à-vis de l'opinion publique ! C'était le comble de l'élitisme et d'un élitisme unanimement accepté. Aujourd'hui une telle démarche semblerait absurdement décalée par rapport à une société qui nie toute légitimité aux élites, qui croit à la sagesse issue de la base, qui pense la pister à travers des conventions citoyennes et autres fadaises du même tonneau et qui confie aux réseaux sociaux le soin d'édicter les règles du savoir.

Sans doute mon ton est-il marqué au coin des regrets d'une belle époque. Comment le nier ? Nous avions honorablement travaillé en 1978 et fait, me semble-t-il, œuvre utile.

La mondialisation est-elle toujours heureuse ?

Mon principal legs au débat public aura été une expression, « la mondialisation heureuse ». Voulue pour rendre provocante la tonalité d'un livre plutôt sage sur les contraintes de la réalité, elle a fait florès en devenant synonyme d'un capitalisme totalement débridé, agressif, ayant pour conséquences la désindustrialisation, le chômage, l'ascension des exclus, la montée des frustrations, l'irruption du populisme, voire l'explosion des « gilets jaunes ».

Étonnante accélération sémantique sans doute liée au choc de deux mots issus d'espaces différents. La mondialisation est un état de fait ; elle appelle une description, une analyse, un bilan ; le bonheur ne relève d'aucun de ces états-là, il appartient à l'univers des émotions. Faire coïncider les deux est un petit crime contre l'esprit : il équivaut à prêter à la mondialisation une finalité eschatologique et à la faire bénéficier du jugement de valeur le plus élevé.

La « mondialisation efficace » n'est pas la « mondialisation heureuse ». Cette dernière bénéficie d'un surcroît de légitimité : quelle plus belle réussite que de rendre heureux ? Regretté-je cette expression, cet abus sémantique ? En aucun cas ! Au-delà du micro-plaisir narcissique de le voir employé partout, voire à tort et à travers, il caricature, donc il pousse au débat.

L'idée forte du livre était, au fond, simplissime. Une réalité irrésistible se met en place : dictature des marchés financiers, libre circulation des produits, des services, des technologies ; concurrence exacerbée entre entreprises mais aussi entre des systèmes économiques dont le mode d'organisation conditionne l'efficacité du secteur productif. Il n'en résultait aucune conclusion sur l'alignement des systèmes politiques, « la fin de l'Histoire » et autres fadaises qui avaient cours dans les dernières années du vingtième siècle. Mais à l'intérieur de cette réalité lourde de contraintes, il demeurait, pour chaque État, la possibilité de choisir son propre modèle, pour autant qu'il respectât les règles du jeu. L'équilibre efficacité versus solidarité, création de richesses versus redistribution, plein emploi versus socialisation relevait de chaque pays. Le bonheur était de pouvoir choisir ; de là la mondialisation heureuse.

Le problème de la France était, à l'époque, d'être restée dans l'ambiguïté, de ne pas vouloir assumer les contraintes du monde, de les respecter sans l'avouer, de faire cohabiter l'empirisme dans la gestion quotidienne et le refus idéologique de la réalité. Nous étions donc à mille lieues du débat sur la mondialisation heureuse, tel qu'il s'est, depuis, développé dans l'espace public. N'est-il pas scandaleux de qualifier d'heureuse une mondialisation qui, à en croire ses ennemis, multiplie les fermetures d'usines, la paupérisation de populations entières, l'explosion des inégalités ?

Même en déplaçant ainsi les termes du débat, je persiste à penser que la mondialisation demeure une chance ; elle est donc « heureuse ». C'est d'abord une chance pour les centaines de millions d'habitants des pays en voie de développement qu'elle a sortis de la pauvreté et qu'elle amène progressivement au stade de la classe moyenne. Que serait la Chine sans le moteur des exportations que la mondialisation lui a offert ? Et que serait le monde sans le moteur chinois ? C'est une chance aussi pour les catégories modestes en Occident, dont le niveau de vie a été davantage amélioré par l'accès aux produits peu chers offert par les grands circuits de distribution que par les hausses de salaires. Le militant anti-mondialisation qui fait ses courses le samedi après-midi chez Leclerc est, sans le reconnaître, un zélote de la mondialisation. C'est enfin une chance pour nous Occidentaux qui avons pu, dans cet univers ouvert aux échanges, maintenir notre modèle de développement. Angela Merkel s'acharnait à rappeler une vérité chiffrée simplissime : l'Europe ? 7 % de la population mondiale, 20 % de la production, 50 % des avantages sociaux.

Et pourtant, l'idée même de mondialisation est désormais sur le gril. Chacun pense qu'au jeu des mots-culte, elle cède le pas à la souveraineté et qu'elle est donc condamnée à régresser au profit d'économies-continents qui se ferment sur elles-mêmes. La réalité est beaucoup plus complexe. La quintessence de la mondialisation, en l'occurrence la libre circulation des capitaux, n'est remise en cause par personne. Même l'extrême gauche française n'ose pas l'attaquer de front et les grands États les plus hostiles à l'Occident ne se risquent pas à ce jeu-là. La Chine a beau entamer une guerre larvée avec les États-Unis, elle continue à être le premier créditeur du gouvernement américain et ne reporte pas ses avoirs sur d'autres devises, dont aucune n'a la profondeur pour les accueillir massivement. Or qui dit libre circulation des capitaux, donc de l'épargne internationale, valide l'essor du capitalisme mondial.

La libre circulation des technologies est plus chaotique, comme elle l'a toujours été. Même aux moments les plus paisibles, quand l'Occident croyait aux vertus du « doux commerce », les grands pays, États-Unis en tête, verrouillaient leur base technologique, à coups de contrôle des brevets ou de procédures d'approbation des cessions d'entreprises-clefs dans des secteurs stratégiques, dont la définition change en fonction du sentiment plus ou moins protectionniste de l'instant. Nul ne peut nier de ce point de vue un engouement protectionniste sans équivalent depuis la chute du communisme : c'est un effet mécanique des tensions stratégiques et de la posture d'hostilité de la Russie et de la Chine, à rebours de tous les fantasmes de « fin de l'Histoire » dont nous nous sommes bercés.

Quant à la libre circulation des produits et des services, composante la plus visible de la mondialisation et donc la plus génératrice de mouvements d'hostilité, elle a été certes secouée par les ruptures de chaînes d'approvisionnement qui ont accompagné la crise du Covid et donc la prise de conscience, par les pays occidentaux, des incroyables dépendances dans lesquelles ils se sont laissés glisser, depuis le paracétamol jusqu'aux puces électroniques, aux batteries électriques ou aux panneaux solaires.

La brutalité du choc a entraîné la résurgence du mercantilisme. À grande échelle aux États-Unis, à travers l'IRA – l'« Inflation Reduction Act » –, le mal nommé car il accroît l'inflation par une approche très keynésienne, et surtout renforce, à coups de subventions massives, certaines industries. Avec une ambition moindre dans l'Union européenne, par un manque de ressources budgétaires de même ampleur et du fait de la perpétuation de règles rigides en matière d'aides d'État, désormais inadaptées à la situation présente. Au jeu de la compétition mercantiliste entre les États-Unis, la Chine et l'Europe, cette dernière est pour l'instant perdante : elle est trop peu réactive, trop à l'étroit dans les politiques à mener, trop engoncée dans sa complexité. Mais croire que la résurrection du mercantilisme sonne le glas de la mondialisation est une illusion, au moins sur le plan des faits : la croissance du commerce international sera sans doute ralentie mais celui-ci ne régressera pas. Il connaîtra certes certains hoquets sectoriels. Telle est d'ailleurs la première leçon des chiffres sur la période post-Covid.

En revanche, le basculement idéologique est majeur. Le terme même de mondialisation est passé du côté de la « face sombre de l'Histoire » : ses bienfaits sont occultés par ses dérapages ; sa promesse optimiste est balayée par le pessimisme ambiant ; ses résultats incontestables sont ignorés. Son mythe est donc plus qu'écorné. Si la mondialisation est désormais mal vue, que dire de la mondialisation heureuse ? Elle relève d'une naïveté idéologique, d'un optimisme stupidement libéral, d'un credo suranné ! Quant à celui qui a eu la paternité de l'expression, il est bon pour les poubelles de l'histoire des idées !

La machine égalitaire fonctionne toujours à plein régime

Il m'a été donné de m'attaquer deux fois par l'écrit au mythe égalitaire. En publiant en 1987 *La Machine égalitaire*, livre qui connut un vrai succès : plusieurs centaines de milliers d'exemplaires vendus. C'était, toutes proportions gardées, le même processus qui avait expliqué le triomphe encore plus massif du *Toujours plus !* de François de Closets : une dénonciation d'un phénomène dont chacun est, consciemment ou non, convaincu mais qu'on a peur de montrer du doigt, comme si c'était s'attaquer à un des piliers qui assurent la stabilité de la société.

Sept ans plus tard, ayant dirigé une commission à la composition très œcuménique sur la *France de l'an 2000*, je remis à Édouard Balladur, qui en était le commanditaire, un rapport qui abordait, entre autres, le même sujet sous un angle plus conceptuel : égalité *versus* équité. Le document a eu un grand écho médiatique, des ventes massives, mais l'agitation de la campagne présidentielle le transforma en bible de la « pensée unique », de sorte que le débat de fond fut occulté par l'échange de horions militants.

Nous voilà un quart de siècle plus tard et rien d'essentiel n'a changé. La machine égalitaire, que d'aucuns appellent de façon plus polémique l'égalitarisme, n'a rien perdu de son efficacité, c'est-à-dire de son aptitude à générer des inégalités qu'elle s'acharne à nier, et l'équité demeure un concept sulfureux, nimbé d'un halo anglo-saxon qui suffit à le condamner.

Formidable conquête de l'après-guerre, l'État-providence fonctionne depuis des décennies à rendements décroissants : énorme machine à redistribuer de façon assez aveugle au sein de la classe moyenne, il ne concentre pas ses efforts sur les plus nécessiteux et aboutit paradoxalement à donner des avantages superfétatoires aux plus favorisés. Les exemples sont parlants, bien davantage que des affirmations de principe.

L'enseignement supérieur quasi gratuit ? Compte tenu de la surpondération des enfants des classes aisées dans les universités, la gratuité fonctionne comme une redistribution à l'envers. La santé, elle aussi, gratuite ? Une affirmation que je croyais de bon sens m'a valu un passage à tabac dont je ne suis toujours pas revenu. Prenant l'exemple de mon père, alors centenaire, soigné gratuitement pour une embolie pulmonaire et ayant coûté à l'assurance maladie au moins 100 000 euros, j'avais dit publiquement que dans un tel cas, si le malade ou ses ayants droit étaient assujettis à l'ISF, ils devaient supporter une partie des débours. Que n'avais-je proféré ? J'ai été accusé de tous les péchés dont celui de plaider pour l'euthanasie ! La couverture totale du petit risque médical ? Qui peut prétendre qu'elle est juste et que rembourser de la même manière un rhume attrapé sur les pentes de Courchevel et une sinusite contractée à Saint-Denis représente la quintessence de la solidarité ? Ainsi des allocations familiales et des prestations sociales encore indépendantes du revenu. Ainsi de tout le système contractuel qui enserre l'emploi et qui est conçu pour protéger les inclus et ne s'intéresse qu'en second lieu aux exclus. L'ensemble des acteurs sociaux concourt à cette injustice : les syndicats se mobilisent infiniment moins pour les chômeurs que pour les salariés intégrés et moins encore pour les véritables exclus que pour les chômeurs.

C'est cet état de fait que nous avions essayé de penser de manière plus conceptuelle dans *La France de l'an 2000* en lançant dans le débat le principe d'équité. Le postulat de départ : l'économie de marché fabrique du même mouvement de l'efficacité et de l'inégalité. Quand elle tourne à pleine vitesse, elle fabrique un maximum d'efficacité et un maximum d'inégalité.

Cette réalité est tolérable aussi longtemps que le système assure de son propre mouvement une amélioration de la condition des plus démunis plus massive que pour la classe moyenne et qu'*a fortiori* pour les plus favorisés. Lorsqu'il n'en va plus ainsi, l'impératif est de définir en équité les droits que la société doit garantir et les populations qui doivent en être les bénéficiaires. Ce n'est pas un tour de bonneteau idéologique pour réduire les dépenses sociales mais un effort de rationalisation afin de les concentrer sur ceux qui en ont le plus besoin. Impossible néanmoins de nier que les principaux bénéficiaires de l'État-providence « laisseront quelques plumes » au profit des vrais nécessiteux. Aussi la résistance s'impose-t-elle spontanément de la part de ceux qui contrôlent le système, en particulier les partenaires sociaux, aussi bien patronaux que syndicaux, tous pétris de corporatisme.

Il y a certes eu depuis 1994, donc en trente ans, quelques incursions dans le domaine de l'équité. Diviser les classes élémentaires par deux dans les quartiers en difficulté relève de l'équité. Comme elle ne se traduit pas ostensiblement par une diminution des effectifs ailleurs, elle est tolérée par les syndicats mais ne soulève guère leur totale approbation : ils réclament le même effort partout, ce qui est évidemment impossible. Comment s'en étonner ? Les partenaires sociaux défendent leurs mandants et les « outsiders » – comme disent les sociologues anglais – n'ont pas de représentants établis. C'est la rue qui peut pousser le pouvoir politique à prendre des mesures en faveur des « quartiers » que ni le patronat ni les syndicats n'ont jamais promues.

Mais décidées dans l'urgence, de telles politiques qui relèvent de l'équité ne sont pas financées par une réallocation des besoins à l'intérieur de l'État-providence ; elles viennent par surcroît et sont donc à la charge du déficit public. Ainsi, depuis trente ans, la « machine égalitaire » *stricto sensu* n'a jamais été réformée mais les crises sociétales ou la conscience morale des décideurs lui ont ajouté un volet d'équité, systématiquement financé par le trou budgétaire. C'était une manière confortable de ruser avec la réalité. Elle va désormais se heurter au mur des contraintes financières et de l'entrée de la France dans une longue période de pénurie budgétaire. Il faudra donc trancher. Sera-ce la machine égalitaire qui sera réformée pour payer le prix des efforts d'équité ? Ou seront-ce ces derniers qui seront mis à la portion congrue ? La réponse, à dire vrai, ne penche pas du côté de l'optimisme. Aucun exemple n'est plus parlant que la réforme avortée, après 2017, qui visait à accroître la CSG sur les retraités afin de baisser les cotisations sociales sur les salariés. Rien n'était plus équitable, puisque la situation des inactifs est meilleure, en France, que celle des actifs. Mais les retraités sont les électeurs les plus assidus et, qui plus est, en faveur des partis de gouvernement. Le projet a donc fait long feu et aucun pouvoir ne se lancera à nouveau dans cette voie, si juste soit-elle.

En fait, derrière le manifeste pour l'équité qu'avec d'autres j'ai lancé en 1994, se profilait une hypothèse optimiste : une mue des partenaires sociaux qui accepteraient de cogérer une telle transformation du système social. Cela n'a pas été le cas : le réformisme éclairé de la CFDT en a certes fait le premier syndicat de France mais n'a pas eu d'émules chez ses congénères et le patronat a été, à sa manière, aussi conservateur que la CGT. Il n'y avait donc d'autre possibilité qu'une main de fer maniée par un pouvoir exécutif qui aurait obtenu l'approbation d'un tel projet lors des élections présidentielles et législatives. Le seul scrutin pendant lequel ces thèmes ont affleuré a été évidemment 2017 avec le programme d'esprit technocratique d'Emmanuel Macron. Il s'est essayé à le mettre en pratique et la réalité politique et sociale s'est chargée de le ramener à la raison, c'est-à-dire au cheminement classique : l'octroi d'avantages généraux et impersonnels, aussi égalitaires que possible. Quel meilleur exemple à cet égard que récemment le bouclier énergétique, gouffre financier à force de traiter de la même manière tous les citoyens ?

Ceci n'augure rien de positif pour l'avenir, avec le panorama politique débilitant devant lequel nous sommes. La machine égalitaire a donc de beaux jours devant elle. La répartition des efforts budgétaires et financiers auxquels nous sommes condamnés en sera la triste illustration.

Le seul reproche que je me fais en revenant sur mes pas, il y a trente ans, c'est d'avoir péché par optimisme et d'avoir cru à une lente maturation collective.

Le « cercle de la raison » a-t-il disparu ?

L'expression « cercle de la raison » m'a été inspirée par un contexte particulier.

Au moment où se profilait, à l'automne 1994, la perspective d'un duel présidentiel entre Édouard Balladur et Jacques Delors, j'avais minimisé les différences entre les deux candidats en déclarant qu'ils se situaient, l'un et l'autre, à l'intérieur du « cercle de la raison », à la différence de Jacques Chirac dont le projet s'en éloignait. Il suffisait de se souvenir de son mot à propos de sa campagne électorale : « Je vous étonnerai par ma démagogie. » Compte tenu de mes liens personnels avec les deux protagonistes supposés du duel, les mettre à l'intérieur du même cercle était une manière hypocrite de surmonter mes contradictions en termes de fidélité à leur égard. Mais indépendamment des circonstances de son énoncé, mon expression était exacte et une fois élu, Chirac n'eut de cesse, sous l'influence bénéfique d'Alain Juppé, de revenir à l'intérieur du cercle de la raison.

Le mot prit cependant une dimension symbolique, au-delà de son acception littérale. Il devint vite synonyme du culte du libéralisme, du refus d'un changement massif de politique, d'une philosophie conservatrice. C'était la version française du « TINA » cher à Madame Thatcher : « There is no alternative » – il n'y a pas d'alternative. Nous étions en 1994, c'est-à-dire une période qui nous semble préhistorique car antérieure à la création de l'euro. C'est donc sur le franc que s'exerçaient les pressions internationales quand notre gouvernement s'évadait du cercle de la raison, comme le fit la gauche en 1981. Que réclamaient les marchés, sous peine d'attaquer le franc ? Une politique budgétaire décente, une relative maîtrise de l'inflation, donc des salaires, une action destinée à éviter un déséquilibre durable de la balance commerciale. Il ne s'agissait en rien de punir tout pas de côté vis-à-vis d'une illusoire politique thatchérienne. À l'intérieur de ces règles, un pays était libre d'être plus ou moins redistributif, plus ou moins libéral ou social-démocrate. Delors et Balladur partageaient ce viatique : ils étaient donc à l'intérieur du cercle de la raison. Jacques Chirac, qui s'était présenté à l'élection présidentielle avec un programme adapté à une économie-vaudou, n'y figurait pas.

Depuis cette période, le paysage macroéconomique a été bouleversé. Il demeure néanmoins un cercle de la raison mais il prend un périmètre différent pour les pays hors zone euro et pour ceux de la zone euro. Lorsque les marchés ont mis à bas en quelques jours le gouvernement de Liz Truss au Royaume-Uni, ils ont agi comme ils l'avaient fait si souvent vis-à-vis d'une France dont la devise était encore le franc. L'hyperlibéralisme affiché de la Première ministre, son appel acharné aux mânes de Margaret Thatcher, n'ont pas suffi à dompter, par le biais de l'idéologie, des opérateurs de marché qui ont considéré Liz Truss comme incompétente et dangereuse. C'est l'annonce de baisses d'impôts, pourtant libérales d'esprit mais financées par un accroissement du déficit public, qui a mis le feu aux poudres. Recul brutal de la livre sterling, hausse des taux d'intérêt, pression sur le marché hypothécaire, lié au Royaume-Uni à la structure des taux : le pouvoir a capitulé en quelques heures et la Première ministre fut exécutée sur place.

Utile rappel de la réalité à l'égard d'un pays de la taille de la France, doté de sa propre monnaie, que devraient méditer les défenseurs cachés d'un « Frexit » – la sortie de la France de la zone euro. En zone euro, les règles sont différentes mais la sévérité des rappels à l'ordre équivalente. Ce n'est pas le cours de l'euro qui devient le couperet : la base de la monnaie est trop large pour que les dérapages d'un seul pays, fût-ce l'Allemagne, suffisent à l'affecter massivement. Et même si cela advenait, nul ne verrait une baisse par rapport au dollar comme une catastrophe. C'est donc le « spread », l'écart de taux par rapport au meilleur débiteur de la zone, en l'occurrence l'Allemagne, qui sert de juge de paix. Et la sanction peut être aussi brutale qu'elle l'était hier sur la devise nationale. Les exemples de l'Italie à l'automne 2011 et de la Grèce quelques années plus tard en témoignent. Dans le premier cas, Silvio Berlusconi, alors président du Conseil, a été expulsé du pouvoir au profit du gouvernement technocratique de Mario Monti ; dans le second cas, c'est la Grèce elle-même qui aurait été éliminée de la zone euro sans l'intervention salvatrice de François Hollande, conscient du risque de détricotage qu'une telle mesure aurait fait prendre à la monnaie européenne elle-même.

La politique expansionniste de la Banque centrale européenne a longtemps protégé les États membres de la zone euro du risque d'emballement sur les « spreads » ; le retour à une politique plus conservatrice le fait renaître. Avec l'augmentation des dettes publiques, en particulier en France à la suite du Covid, c'est vers le déficit que se déplace le curseur. Les obligations françaises sont à cet égard sur le fil du rasoir. Leur « spread » vis-à-vis de l'Allemagne tient du miracle, mais c'est un calme précaire. Les marchés sont une eau qui dort, traversée de courants souterrains, qui peut à tout moment, et sans raison apparente, s'emballer.

Tout ceci relève en l'apparence du simple bon sens. Demeure néanmoins une immense cohorte de responsables politiques qui s'acharnent à nier le cercle de la raison. Les plus sophistiqués, au nom du postulat selon lequel la France n'est pas la Grèce et est trop importante au sein de la zone euro pour faire faillite : elle dispose de « l'atout nucléaire de pouvoir faire sauter la banque ». Les moins éduqués, par ignorance du fonctionnement des marchés et par croyance que le pire n'est jamais sûr. Les uns et les autres veulent ignorer le prix que paient les pays quand le « spread » s'envole. Pour l'Italie, ce fut en 2011 une cure d'austérité imposée par le gouvernement Monti, sous l'œil vigilant de la Banque centrale européenne. Pour la Grèce, ce fut une humiliante et douloureuse mise sous tutelle par la troïka (BCE, Commission de Bruxelles, FMI) dont la population garde un souvenir amer.

Les ennemis du cercle de la raison se nourrissent, en dehors de tout raisonnement économique, de la haine de ceux qui l'incarnent, c'est-à-dire nous, les élites traditionnelles, extraverties et aisées. C'est l'hostilité au messager qui détermine l'attitude à l'égard du message. Pour les populistes, dont le marqueur identitaire est le rejet des élites, l'acceptation du cercle de la raison serait une hérésie. Le reconnaître, c'est légitimer l'ennemi. Mais si par malheur, ils étaient confrontés à l'exercice du pouvoir, ils en découvriraient vite l'existence. Ils devraient méditer une leçon simple : une libérale comme Liz Truss a été mise KO en quelques jours, les populistes français de droite le seraient en quelques heures et ceux de gauche en nanosecondes !

Les crises sont-elles « grotesquement psychologiques » ?

Que n'avais-je dit au moment de la crise financière de l'automne 2008 ! J'avais ahané que la crise était « grotesquement psychologique », phrase inutilement provocante, à un moment où chacun était obsédé par une économie à l'arrêt, des marchés aux abois, des décideurs désemparés.

Quel était le fondement de cette provocation ? Le système bancaire était sur le point de se congeler parce que le marché interbancaire ne fonctionnait plus, les banques refusant de se prêter de l'argent entre elles, car elles croyaient, toutes, leurs congénères en risque de faillite. Or nous n'étions plus dans les années trente, quand les pouvoirs publics et les banques centrales assistèrent, passives, à la déconfiture du système bancaire. Les États étaient, en 2008, intervenus, donnant une garantie de fait, non de droit, à leurs banques. Mais si celles-ci refusaient de se prêter entre elles, cela signifiait qu'elles ne croyaient pas à cette garantie pour les autres, donc pour elles-mêmes. Il fallut, initiative britannique intelligemment empirique, ajouter la garantie des prêts entre banques elles-mêmes garanties, pour que la machine se remette en marche. Or rationnellement cela n'avait aucun sens. Les banques refusaient de se prêter de l'argent parce qu'elles pensaient les États incapables d'honorer leur garantie. Si ces derniers garantissaient aussi les prêts, l'engagement potentiel était encore plus lourd et donc *a fortiori* impossible à tenir. S'il fallait une démonstration que la crise se déroulait essentiellement sur un plan psychologique, elle venait d'être donnée.

Une irrationalité peut mettre fin à une défiance, elle-même irrationnelle. Cet épisode était l'illustration paroxystique de l'importance de la confiance en économie. Je pense, depuis longtemps, qu'il existe non pas deux mais trois facteurs de production : le capital, le travail et la confiance. Les deux premiers appartiennent de longue date aux théories économiques classiques, libérales ou marxistes ; le troisième est ignoré, méconnu, peu étudié. Hormis la thèse de doctorat d'État d'Alain Peyrefitte *La Société de confiance*, peu de travaux ont été consacrés à ce facteur, certes insaisissable mais décisif.

Si j'avais été universitaire en quête d'un sujet peu fréquenté, c'est celui-ci que j'aurais choisi. Comment se forme, dans une économie contemporaine, la confiance ? Quel est son impact sur le taux de croissance ? Comment se mesure-t-elle face aux autres facteurs, capital et travail ? Se bâtit-elle uniquement à partir de décisions politiques appréciées par les acteurs économiques – niveau et modalités de la fiscalité, encadrement réglementaire, ouverture aux capitaux internationaux ? Quelle part fait-elle au charisme des dirigeants ? Sur quels ressorts de psychologie collective fonctionne-t-elle ? Existe-t-il des leaders d'opinion économique dont le comportement suscite des émules ? Ces interrogations-là visent la confiance, facteur de croissance macroéconomique.

Il existe au moins autant de questions irrésolues à propos des marchés, du rôle de la confiance dans leur emballement ou de la défiance dans leur effondrement. Ce n'est pas un débat sur leur évolution à long terme. Je suis de ceux, convaincus de leur rationalité sur longue période, que pourrait résumer un détournement du vers de Shakespeare : « Une histoire de fous, racontée par des idiots et qui ne veut rien dire. » Le marché, lui, est une histoire de fous, racontée par des idiots mais qui veut dire quelque chose. C'est en revanche sur les phénomènes de court terme, le déclenchement d'une crise boursière, financière ou bancaire, que la psychologie joue à plein. Une fois la tourmente déchaînée, on s'interroge sur « l'effet papillon », le prétexte lointain qui a fait s'effondrer la Bourse à l'autre bout de la planète.

Ainsi de la crise de 2007/2008. Début août, BNP Paribas décide de bloquer le remboursement de certains fonds sur lesquels les demandes de retrait sont massives. Venant de la plus grande banque de la zone euro, cette décision technique provoque une panique sur le marché interbancaire que la Banque centrale européenne décide de calmer en injectant un montant inhabituel de milliards. S'ouvre dès lors une période d'agitations et d'analyses de laquelle ressortent des évidences jusqu'alors ignorées, délibérément ou non : le mécanisme américain des « subprimes », l'octroi du « triple A » à des montages hasardeux, la sous-capitalisation des banques par rapport à la taille de leurs bilans. À partir du moment où ces faits majeurs sont connus, l'enchaînement est, tôt ou tard, inévitable.

Questions légitimes qu'appelle un tel engrenage : si BNP Paribas avait en août fourni discrètement les ressources nécessaires aux remboursements réclamés aux fonds en difficulté, l'engrenage se serait-il déclenché ? L'accident serait-il nécessairement arrivé à partir d'un autre prétexte, dès lors que la situation objective du système était malsaine et que cet état de fait aurait fini par apparaître ? On peut le penser tout en ignorant où, quand et comment la déflagration se serait produite. Vingt ans plus tôt avait eu lieu la plus grave crise boursière depuis la guerre. Le monde entier avait rendu hommage *a posteriori* à l'intuition de Jimmy Goldsmith, un grand financier franco-britannique qui avait vendu tout son portefeuille en actions en août 1987 alors que la crise s'est déclenchée en octobre. Goldsmith n'était ni un macroéconomiste chevronné ni un opérateur technique de marché. C'est donc sa seule intuition qui a fondé une décision, à son échelle, majeure, une espèce de sixième sens comme les romans se plaisent à les décrire. Mystère de la psychologie individuelle anticipant la psychologie collective...

Le champ à explorer est immense. Peut-être est-ce sa complexité qui rebute les chercheurs. Mais le résultat est là : il y a, comme disent les Anglais, « un éléphant dans la pièce », la confiance au cœur des processus économiques. À l'aune de cette réalité, il n'était pas illégitime de qualifier la crise de 2007 de « psychologique ». « Grotesquement psychologique » était en revanche abusif. C'était un réflexe de métier chez un vieil habitué des médias d'accentuer l'emphase pour attirer l'attention. Que la psychologie soit partie prenante de la dynamique économique est un fait incontestable. Mais on ne doit pas qualifier un fait de « grotesque » : un tel jugement de valeur n'a pas lieu d'être.

IV. LES RATÉS

Une cécité face à l'enjeu environnemental

« Je préfère la social-démocratie des hommes à celle des petits oiseaux. » Pendant combien d'années ai-je occulté les débats sur l'environnement avec cette boutade objectivement absurde ? C'était l'expression d'un malaise face à la cause écologique, la conviction que derrière le choix de la nature s'exprimaient un réflexe foncièrement conservateur et une pensée réactionnaire camouflée aux couleurs de la modernité. Avec en toile de fond – comment le nier ? – le souvenir du culte nazi de la nature, de la dévotion pour la pureté dont témoigne une des premières mesures antisémites du gouvernement hitlérien, l'interdiction pour les Juifs de pénétrer dans les forêts domaniales afin de ne pas les souiller. Scandaleux raccourci, me dira-t-on. C'est exact mais il rappelle que le culte extrême de la nature n'est pas innocent et qu'il existe un *continuum* partant de ces excès fous et se terminant aujourd'hui dans l'éloge par de braves écologistes de la décroissance économique.

On ne m'enlèvera pas l'idée que la primauté de la nature est, volontairement ou non, un choix contre le progrès humain. Peut-être est-ce là une réminiscence de ma fascination intellectuelle pour le marxisme au point d'avoir écrit, il y a peu, un petit livre, *Ma vie avec Marx*. Prisonnier de ce substrat idéologique que j'assume, j'ai toujours eu un temps de retard pour reconnaître l'enjeu environnemental. Aussi suis-je demeuré un « nucléocrate » acharné, même quand l'énergie nucléaire était vouée aux gémonies par les bien-pensants, et je ne vois dans sa résurrection actuelle qu'un retour au bon sens. Mais le refus allemand du nucléaire me confirme dans l'idée qu'il relève du tropisme germanique pour la pureté et le culte de la nature et que ses racines culturelles ne sont pas « baba cool » comme l'allure des Verts allemands pourrait le faire croire.

De même ai-je été lent à faire mien le constat du réchauffement climatique et à voir dans la décarbonation un impératif. J'en suis désormais convaincu mais il me reste, sur chaque enjeu environnemental, un réflexe héritage du « *der Geist der stets verneint* » – l'esprit qui toujours nie –, du *Faust* de Goethe. D'où une interrogation, par exemple, à propos de la voiture électrique. Je n'ai lu nulle part une analyse exhaustive du cycle énergétique qui part de l'extraction du lithium dans un coin perdu du monde et se termine par la consommation d'une voiture électrique sur une autoroute française. Les calculs sont toujours faits sur l'aval du processus. Il ne s'agit pas de nier l'évolution inéluctable vers la voiture électrique mais de s'interroger sur son rythme et en particulier sur l'enthousiasme juvénile avec lequel les institutions européennes ont décidé d'interdire, à partir de 2035, la vente de voitures thermiques. Autant la rénovation thermique me paraît être un impératif de bon sens – qui peut contester l'intérêt de diminuer la consommation énergétique ? –, autant la course effrénée vers les énergies renouvelables mériterait-elle, elle aussi, de faire un « arrêt sur images ».

Il me semble enfin que le problème cardinal est posé dans le raccourci « fin du mois ou fin du monde ». Après une période où l'Occident s'est lancé, à course perdue, dans une politique écologique, le moment des calculs arrive et chacun mesure que les 1 ou 2 % de PIB annuels à consacrer à cette entreprise devront être financés. Le réflexe élémentaire est de prétendre que le financement par la dette est légitime puisque ces investissements seront, à terme, rentables, mais il y a dans cette pétition de principes un petit côté « l'an prochain à Jérusalem ». Laxiste, avec des taux d'intérêt à zéro, le marché l'accepterait. Redevenu rationnel, avec des taux normaux, il sera plus réticent.

Il appartient donc aux payeurs classiques, État, entreprises, citoyens, de prendre en charge cet effort. L'endettement public, enfin obsessionnel, ne laisse guère de marges de manœuvre et les crédits consacrés à l'environnement risquent de servir de variable d'ajustement à chaque purge budgétaire, car ils ne sont défendus par aucun lobby structuré mais seulement par un état d'esprit de l'opinion.

Quant aux entreprises, elles subissent d'ores et déjà le coût des réglementations environnementales et il serait inconséquent de leur imposer un « impôt environnement » sauf à les pénaliser dans une compétition internationale qui ne verra ni les États-Unis ni la Chine faire de même. Restent donc classiquement les citoyens. C'est la voie du rapport Pisani-Ferry qui rêve d'un impôt sur le capital à l'échelle européenne, avec un prélèvement unique, restriction qui traduit le malaise devant la perspective d'une telle fiscalité récurrente. L'idée de mettre en place une taxe additionnelle à l'impôt sur le revenu pour financer la transition énergétique hérisse naturellement tout responsable public. Le choc de la réalité commence à se produire, avec en corollaire l'argument selon lequel s'imposer de tels sacrifices au niveau européen n'a pas de sens, avec pour seule vertu de servir d'exemple au monde entier, alors que nos concurrents se fixent des objectifs plus modestes, c'est-à-dire plus réalistes.

Le pas de côté fait par la Commission de Bruxelles vis-à-vis du « pacte vert » ne résulte pas, à ce stade, d'une telle analyse financière mais de l'affrontement avec les agriculteurs qui, pour la première fois, se sont rebellés partout en Europe. Compte tenu d'une atmosphère politique très marquée par les aspirations environnementalistes, la prise de conscience de la contradiction « fin du mois *versus* fin du monde » se fera lentement. Elle sera difficile à assumer par les pouvoirs politiques s'ils continuent, comme aujourd'hui, à rêver environnement et à gérer budgétairement. Il leur faudra « parler vrai », ce qu'ils se gardent bien de faire par peur de hérisser la jeunesse.

Suis-je en train de céder à la « shadenfreude » – la joie honteuse – comme disent les Allemands ? Joie honteuse qui me permet de rappeler la réalité et donc les exigences du cercle de la raison, manière de faire oublier mon « retard à l'allumage » vis-à-vis de l'enjeu écologique ? Comment le nier ? Mais même si je suis convaincu, cette fois-ci de manière rationnelle, que la vague écologiste va connaître un choc en retour et qu'un équilibre finira par s'établir entre les exigences de la décarbonation et les autres impératifs macroéconomiques, il demeure que, prisonnier de préjugés et d'antipathie, j'ai massivement sous-estimé un fait nouveau et que, pour un intellectuel, c'est un incontestable raté.

Le déni du populisme

L'optimisme a un prix : ignorer ou sous-estimer ce qu'on n'aime pas ou craint. Je me fais grief d'avoir, de ce fait, depuis des décennies, atténué ma perception du populisme, alors que tous ses ingrédients m'étaient connus depuis longtemps. Sans doute une foi irrationnelle dans notre bon sens collectif me poussait-elle à regarder cette évolution de trop loin, alors que, lecteur inlassable de *L'Étrange Défaite*, je suis convaincu de la capacité de notre pays à se déliter brutalement.

L'anti-élitisme viscéral des populistes fait de moi, comme d'autres, la caricature de ce qu'ils haïssent, mais un orgueil mal placé m'a toujours fait mépriser, d'un haussement d'épaule, ces pulsions primaires. Or ce phénomène, désormais une véritable lame de fond, vient de loin et nous en connaissons parfaitement et depuis longtemps, nous, ses cibles, les composantes. Notre génération a disserté, à longueur de pages, sur l'irrésistible ascension de l'individualisme, la victoire d'un consumérisme qui submerge toutes les dimensions de la société, la solitude qu'il engendre, avec comme corollaire naturel l'affaiblissement des structures d'encadrement, partis politiques, syndicats, églises, corps intermédiaires de tous acabits.

Nous le constations, pensions, théorisions, sans accepter de mettre en contrepoint le populisme, qui en est la conséquence naturelle. Lorsque les individus sont en situation d'anomie, sans intercesseurs pour médiatiser la réalité, ils se tournent naturellement vers le culte du chef, les idées simples, le confort du « y a qu'à ». C'est un effet mécanique. Celui-ci est conforté par une autre réalité sur laquelle nous n'avions cessé de disserter et qu'avec la capacité de synthèse de la langue anglaise, Goodhart a exprimée par la coupure entre les « anywhere » et les « somewhere » – ceux de partout, ceux d'un seul lieu. C'est sans doute le meilleur résumé de la césure entre deux mondes et leur irrémédiable affrontement. Les populistes parlent aux « somewhere », les modérés aux « anywhere ». Aspirations personnelles, visions du monde, anticipations de l'avenir individuel ou collectif : tout les sépare. Les « anywhere » croient au progrès, les « somewhere » le craignent. Les premiers sont ouverts à l'étranger, donc à l'immigration ; les seconds veulent, à tout prix, se calfeutrer. Les uns sont optimistes – ce sont mes congénères ; les seconds inquiets et pessimistes. Les « anywhere » ne se limitent heureusement pas à l'élite mondialisée mais englobent tous ceux qui participent de la dynamique de l'économie, faute de quoi ils seraient numériquement écrasés par les « somewhere », mais la vérité est que démographiquement parlant ces derniers ont le vent en poupe et constituent le terreau naturel du populisme.

S'ajoute de manière récente le rôle à certains égards délétère des réseaux sociaux qui nourrissent les « fake news », les « réalités alternatives », le complotisme, le conspirationnisme. Tous nés de la confusion entre le vrai et le faux, entre la vérité et les fantasmes, ils sont le terreau naturel du simplisme et du raccourci dont se repaît le populisme. La raison est désormais sur la défensive, l'illusion et le mensonge, eux, à l'offensive !

Ce constat vaut pour l'ensemble du monde occidental : d'où la progression concomitante des populistes. Il s'y ajoute, en France, des spécificités liées à notre histoire. La disparition du parti communiste est de ce point de vue une catastrophe – point de vue partial, pourrait-on dire, de la part d'un fils d'ancien communiste ! Il encadrait les couches sociales défavorisées, canalisait leurs frustrations, les enserrait dans un réseau associatif et militant puissant. À force d'aspirer à une contre-société virtuelle, il constituait le meilleur rempart de la société en place. Oublierait-on son rôle stabilisateur en mai 1968, quand il aurait pu porter le coup de grâce au pouvoir gaulliste ? Ses bataillons se sont retrouvés au Front national, puis au Rassemblement national, devenu le parti de la classe ouvrière. Mais celui-ci n'a pas remplacé le PC comme encadrement de la société : il ne constitue pas une contre-société mais se contente d'exercer une fonction tribunicienne en jouant, suivant le principe fondateur du populisme, sur « les passions tristes ».

Le populisme d'extrême gauche n'a paradoxalement pas cherché à remplacer le PC auprès des couches défavorisées de la population. Il essaie de se bâtir une nouvelle « classe ouvrière » avec la France des quartiers difficiles et en particulier la population musulmane, faisant le pari de tirer parti de la dynamique démographique de cette dernière. Mais cela ne le met pas, pour l'heure, aux portes du pouvoir, à la différence du populisme d'extrême droite. Cependant les deux populismes profitent d'une même spécificité française : une inculture économique collective, sans équivalent ailleurs, qui va de pair avec le refus des règles de l'économie de marché et avec la tentation de se projeter dans un monde fictif. C'est évidemment un terrain propice à toutes les formes de démagogie dont les deux populismes se repaissent.

Mais l'exception française est surtout ailleurs : elle tient à nos institutions. Dans les autres pays européens, tous démocraties parlementaires, les partis populistes, malgré leurs scores électoraux élevés, sont pris dans les rets du système : ils doivent s'intégrer dans des coalitions ; ils sont sous le regard sourcilleux de chefs d'État, monarques ou présidents ; ils sont obligés de composer pour exercer une parcelle du pouvoir. Rien de tel dans la France de la Cinquième République. Celle-ci véhicule une conception de l'État verticale, hiérarchique, autoritaire, plébiscitaire avec laquelle les fantasmes populistes sont en phase. Mal à l'aise dans le compromis parlementaire, les chefs populistes pensent qu'ils trouveront naturellement leur place dans les institutions de la Cinquième République, avec l'espoir, grâce au cumul élections présidentielles, élections législatives, de rafler la mise et d'être en charge d'un pouvoir quasi absolu. De ce point de vue, l'expérience macroniste est, pour eux, un encouragement. Emmanuel Macron avait, en 2017, mis les ressorts du populisme – table rase, anti-élitisme, volonté de tout changer – non au profit de l'extrémisme mais d'une politique modérée, pro-européenne, libérale de gauche. C'était tout le paradoxe et le coup de génie de Macron, mais à sa manière, prétendument « jupitérienne », il a diffusé dans le pays une image verticale et non coopérative du pouvoir que ne renient pas les populistes.

Je me garde de troquer mon excès d'optimisme pour un excès de pessimisme. Il faut combattre le populisme d'extrême droite, non plus au nom de la morale, de l'antiracisme, du refus du fascisme. Je suis de ceux que la présence de Mme Le Pen à la manifestation contre l'antisémitisme a réjouis. Si, en 1938, les Croix de feu ou l'Action française avaient manifesté de la même manière, 1940 aurait été différent.

C'est sur le plan politique que la bataille doit être menée. Nous avons quatre divergences fondamentales avec Mme Le Pen. Primo : elle est anti-américaine de façon viscérale et, à ce titre, affaiblirait un camp occidental qui ne peut s'offrir ce genre de palinodie. Secundo : elle demeure anti-européenne, même si elle fait des concessions verbales, et sa présence au pouvoir aboutirait au mieux à un affaiblissement, au pire à l'explosion de l'Union européenne. Tertio : sa conception de la démocratie, à l'instar des « démocraties illibérales » de l'Est, est le suffrage universel et rien d'autre. L'existence, en contrepoint du suffrage universel, d'un jeu de contrepouvoirs – Conseil constitutionnel, autorités indépendantes, engagements supranationaux – la révulse. Quarto : son programme économique est aussi baroque que celui de François Mitterrand en 1981, à une différence près. La dette publique représentait à l'époque 10 % du produit intérieur et non 120 % comme aujourd'hui. L'économie française avait les moyens, fussent-ils coûteux, de supporter les fantaisies du programme présidentiel. Elle ne les a plus. C'est aussi notre chance : les marchés seraient, nous le savons, de vrais juges de paix.

On peut avoir dans le passé sous-estimé par confort ou optimisme le risque populiste : c'est mon cas. On n'a pas pour autant le droit de tenir aujourd'hui les forces populistes comme ayant déjà gagné. Je sens trop les remugles d'une *Étrange Défaite*, nouvelle manière, en particulier chez des élites prêtes à compromettre. Un seul slogan, face à cette vague de lâcheté prémonitoire : « no pasarán ».

Trop d'« accommodements raisonnables »

Je me reconnaissais dans la doctrine canadienne des « accommodements raisonnables » pour traiter les questions relatives à la communauté musulmane. Alain Juppé qui l'avait reprise à son compte lors de la primaire de la droite à l'automne 2016 y avait sans doute perdu ce scrutin, et donc l'Élysée, pour la plus grande malchance de la France.

Enfant de l'assimilation républicaine, je souhaitais initialement que celle-ci demeure l'objectif pour les immigrés musulmans comme elle l'avait été pour moi, héritier de Juifs polonais. Mais il n'était pas nécessaire d'être grand clerc pour mesurer qu'il s'agissait là d'un objectif inatteignable, à la fois par la difficulté du chemin à accomplir et par le refus de beaucoup de membres de la communauté musulmane de le suivre, tant l'assimilation pure et simple leur paraissait contraire à leur identité.

De l'assimilation désormais révolue à l'intégration, l'ambition se réduit. La première faisait des Français *erga omnes* – à l'égard de tous ; la seconde en fait des Français qui gardent néanmoins un lien avec leur communauté originelle. Avec les « accommodements raisonnables » est venu le temps des premières tensions entre les deux identités, l'une, la « française », faisant des concessions, chaque jour plus grandes, à la seconde.

Les Canadiens étaient à l'aise avec cette approche car elle était compatible avec leur modèle dont l'essence est communautaire. Pour nous, c'était, au fond, un terrain glissant. Dialoguant un jour avec les habitants d'un « quartier », tous musulmans, j'ai été amené à définir, à travers des exemples, les accommodements que je trouvais acceptables. Ainsi disais-je non au menu halal dans les écoles mais oui au menu végétarien, non aux heures de piscine réservées aux femmes mais oui aux accompagnantes voilées de sorties scolaires.

Mais dans un climat de plus en plus tendu, c'est une démarche condamnée. Il n'existe pas de doctrine intangible pour fixer la limite de l'acceptable et de l'inacceptable, et ce qui était refusé hier sera admis demain sous une pression sociale de plus en plus forte. Les « accommodements raisonnables » sont, j'en suis désormais convaincu, la porte d'entrée du communautarisme, c'est-à-dire l'acceptation de règles et de comportements spécifiques à une communauté qui dérogent, d'abord de fait et puis, un jour, de droit, aux lois communes. Ce serait déjà un jeu dangereux avec une dynamique communautaire venant spontanément de la société car le cheminement serait toujours à sens unique et de plus en plus rapide. Mais lorsque cette évolution est chevauchée par des mouvements militants, c'est-à-dire islamistes, concentrés sur une stratégie de conquêtes, les bastions sont bousculés les uns après les autres et notre modèle laïc et républicain grignoté jusqu'au moment où il sera submergé. Lorsque l'affaire du foulard éclata à Creil en 1989, j'avais pensé que les défenseurs de la laïcité la plus dure – Régis Debray, Elisabeth Badinter, Alain Finkielkraut – étaient trop rigides et que cette histoire prenait une importance démesurée. Je partageais ce sentiment avec Michel Rocard, alors Premier ministre, et toute la deuxième gauche que je trouvais plus moderne en cette affaire comme en d'autres. Le détour par le Conseil d'État m'était apparu comme un moyen habile de régler, sans excès de drame, le conflit.

Nous avions, moi le premier, tort. Mais nos interlocuteurs avaient-ils pour autant raison ? Soit leur position partait de la conviction qu'un front s'ouvrait et que Creil représentait les prémices d'une guerre avec un islam agressif et conquérant, désireux d'infiltrer la société française, et dans ce cas ils étaient clairvoyants et précurseurs. Soit ils n'anticipaient rien de cette onde de choc qui nous atteint aujourd'hui, leur opinion traduisait simplement une conception de la laïcité modèle petit père Combes, et dans cette hypothèse-là leur perspicacité n'était pas supérieure à la mienne. Mais, au-delà de cette querelle, la vérité est que Creil annonçait ce que nous avons à la puissance mille aujourd'hui.

Lorsque Jean-François Copé fit voter quinze ans plus tard sa loi sur les signes religieux ostentatoires, je n'étais plus un sceptique indulgent et lui donnais une approbation complète. Mais même avec une conscience à l'époque plus aiguë du phénomène, je ne mesurais pas ce qui était en route, c'est-à-dire une religiosité, de la part des jeunes musulmans, pour une grande partie d'entre eux, sincère, spontanée et explicable par mille raisons sociétales mais qui créait le terreau sur lequel l'islamisme pourrait donner corps à son entreprise de prise de contrôle des âmes et de subversion de la société.

Sus désormais aux accommodements raisonnables ! Il s'agit, en termes de laïcité, de ne plus céder un pouce de terrain et d'essayer de reconquérir celui qui a été perdu. Suis-je devenu extrémiste, islamophobe, réactionnaire ? Je ne le crois pas, mais je pense qu'au nom de la défense républicaine des musulmans, la bataille contre l'islamisme est décisive. Je n'ai pas dit terrorisme islamiste, j'ai dit islamisme. Combattre le terrorisme est un réflexe viscéral ; affronter l'islamisme est un choix d'une autre nature. Au fond, les vieux thèmes du républicanisme semblaient bien fanés ; l'explosion islamiste leur donne une nouvelle fraîcheur.

C'est au nom du même sentiment que s'impose, à mes yeux, la lutte contre le wokisme. La solidarité vis-à-vis des humiliés va, aux yeux des wokistes, du transsexuel persécuté aux LGBT, débouche sur un féminisme devenu une idéologie anti-hommes, se sent en assonance avec les colonisés d'hier, d'aujourd'hui et de demain, fait des musulmans la pointe des combattants anticolonialistes et va donc de pair avec la haine des Occidentaux, colonisateurs par essence, et en particulier des Israéliens devenus la quintessence, à cet égard, de l'Occident, au prix, au passage, de débordements antisémites délibérés ou inconscients.

Pour ma part, je ne croirai plus, sur ce terrain-là, à des accommodements raisonnables et ne me laisserai pas entraîner par les sirènes de l'indulgence et du compromis. Beaucoup se rassurent en pensant qu'à l'instar de maints mouvements sociétaux importés des États-Unis, le wokisme connaîtra son apogée et régressera par un retour naturel du balancier. Cette fois-ci, je ne serai pas naïf. Le wokisme est une idéologie qui s'attaque aux fondements de la démocratie occidentale, en faisant prévaloir toutes les formes d'identité, sexuelles, religieuses, culturelles, idéologiques, sur l'universalisme. Au lieu d'espérer qu'il finira par s'effacer, il faut désormais le combattre, dès à présent, pied à pied.

L'avantage d'avoir une fois péché par optimisme est d'éviter de refaire le même faux pas.

Un non-dit : l'immigration

Cinquante livres sur tout et rien : aucun sur l'immigration. Des centaines d'articles publiés en quarante-cinq ans : aucun, non plus, sur l'immigration, comme si j'essayais d'être ouvert à tous les sujets qui préoccupent la société française, sauf celui-là. Étrange ? Inutile de faire un détour par la psychanalyse la plus sophistiquée ; la psychologie de café du commerce suffit à donner l'explication.

Bercé par les récits des affres de la quête des papiers de régularisation et par la description de la xénophobie d'avant-guerre, un enfant d'immigrés n'est pas à l'aise pour édicter des vérités, croit-il sagaces, sur ces sujets. Si réussie soit-elle, l'assimilation touche une limite et c'est heureux : on n'y perd ni ses souvenirs enfantins, ni la trace des parcours familiaux. Un fils d'immigrés juifs polonais n'a pas le même bagage mémoriel qu'un bourgeois classique. J'ai évidemment, comme chacun, des convictions en matière d'immigration et elles ont évolué au fil du temps face à la radicalisation croissante de la société et aux conséquences politiques explosives qu'elle induit. Mais l'immigration me paraît, aujourd'hui comme hier, un problème moins dramatique que l'intégration. C'est, pour parler crûment, une question de flux et de stock. L'immigration est le flux ; l'intégration concerne le stock. Celle-ci est, nul ne peut le nier, de plus en plus difficile, travaillée par la montée du communautarisme et des aspirations identitaires.

Mais se défausser sur elle pour minorer néanmoins la question de l'immigration est une politique de l'autruche. Mes convictions sur ce sujet sont banales. Nul ne peut, au premier chef, nier le dévoiement des procédures d'asile. Le tri entre vrai demandeur et faux demandeur arguant d'une supposée persécution est très délicat : pour avoir passé une journée auprès d'un officier d'immigration à l'OFPRA et avoir assisté à ses interrogatoires, j'ai mesuré combien il est difficile de distinguer le vrai réfugié du faux, avec en ligne de mire un appel vers la juridiction spécialisée, toujours mieux disposée à l'égard du requérant que vis-à-vis de l'administration.

Cette complexité ne peut occulter une réalité : le nombre croissant de demandes traduit certes la multiplication, dans le monde, des foyers de crise et des politiques répressives, mais aussi le fait que sur le « marché » des jurisprudences nationales, la France offre un « produit d'appel », tant elle est généreuse. C'est évidemment la question de l'attractivité de notre modèle social qui se pose. Ce n'est pas déraper vers la xénophobie que de reconnaître la largesse du nôtre. Cela étant, j'ai été hérissé par le texte de la loi immigration, heureusement censurée par le Conseil constitutionnel, quand il postulait un traitement différencié, en matière d'allocations familiales, entre un Français et un immigré régulier qui paient l'un et l'autre les mêmes cotisations. Si ceci ne relève pas de la préférence nationale, on se demande ce qui en relèverait !

En revanche, la même mansuétude ne peut prévaloir vis-à-vis des travailleurs clandestins, de même que la réduction du panier de soins de l'aide médicale d'urgence, aujourd'hui pléthorique, ne constitue pas un crime contre la morale.

Je n'ose avoir d'opinion définitive sur la faiblesse du nombre de reconduites à la frontière de clandestins déboutés. Comment imaginer que, connaissant le prix symbolique attaché par l'opinion à cette question, les gouvernements successifs ne font pas le maximum, tout en butant sur le refus ou les réticences des pays destinataires ?

Mais la question centrale est autre et elle ne pourra que devenir de plus en plus cruciale. D'un côté, notre économie aura besoin de davantage de main-d'œuvre immigrée, compte tenu du départ en retraite des générations du baby-boom et de la détérioration de la démographie française, longtemps seule exception positive en Europe et qui est malheureusement en train de rentrer dans le rang. De l'autre côté, une masse croissante d'immigrés va se présenter à nos frontières, venant principalement d'un Sahel qui constitue une bombe en termes de natalité. Il ne faut pas être grand clerc pour deviner que l'ajustement entre l'offre et la demande ne se fera pas de manière spontanée. Comment, dès lors, refuser le raisonnement de bon sens qui consiste, à partir des exigences de l'économie, à définir des besoins en termes de compétences, avant de faire le tri parmi les candidats à l'immigration ? Peut-on aller jusqu'à fixer les quotas en fonction de la nationalité d'origine comme le font maints pays démocratiques ? Est-ce tenir un propos iconoclaste d'avouer que le pourcentage d'apprentis informaticiens risque d'être plus élevé en provenance du Vietnam que du Mali ?

Si l'ensemble des acteurs politiques acceptait le principe des quotas en termes de compétence professionnelle et ne se battait idéologiquement que sur le critère de nationalité, ce serait déjà un immense progrès. L'édiction de quotas est-elle constitutionnelle ? Le droit ne peut être un obstacle dirimant face à une situation où la contradiction entre la demande et l'offre d'immigration va devenir explosive.

Le mieux serait que le Conseil constitutionnel infléchisse de lui-même sa jurisprudence afin d'éviter une foire d'empoigne sur le thème de la réforme de la Constitution.

Compte tenu de la nature radioactive du sujet, d'aucuns, souvent modérés, proposent un moratoire temporaire sur l'immigration, le temps d'ajuster les principes d'une politique et de faire baisser la température. Comment croire qu'un tel moratoire ne provoquera pas la transformation de candidats potentiels à une immigration régulière en clandestins, au risque d'un effet boomerang sur l'opinion ?

Il va enfin de soi que tout progrès vers l'européanisation de la politique d'immigration est positif et il n'en est de meilleure preuve que la volte-face de Giorgia Meloni qui, après avoir fait campagne sur la nationalisation de la politique italienne d'immigration, n'a eu de cesse, au bout d'un an, de quémander l'aide de la Commission de Bruxelles. Seule l'Europe est, en effet, en état de traiter soit avec les pays de départ, soit avec les pays de transit, tels la Turquie, le Maroc, la Tunisie. Elle seule a les moyens financiers et politiques de payer ces États afin qu'ils fassent, sur leur sol, de la rétention de candidats immigrés. L'Allemagne avait légitimement imposé une telle politique à ses partenaires au moment de la guerre de Syrie, avec pour résultat de verser plusieurs milliards d'euros à un gouvernement turc avec lequel l'Union européenne était en mauvaises relations : nécessité faisait loi. C'est par le biais de l'Europe que des accords de ce type pourront être souscrits avec les pays du Sahel, la France n'étant plus, dans cette région, en odeur de sainteté et donc inapte à des manœuvres diplomatiques compliquées.

Rien dans les lignes qui précèdent n'est bouleversant. Serait-ce à cause de leur innocuité intellectuelle que je me suis abstenu de les formuler ? Plaisanterie : j'ai écrit maintes fois des platitudes ou des évidences, pour le simple plaisir d'entrer dans la mêlée. C'était, en matière d'immigration, le seul fait d'une inhibition qui porte les traces de mon ADN !

Conclusion
Une seule foi : l'Europe

Le fil à plomb de toute ma vie est très visible. Il se définit par des convictions simples, voire simplistes. D'abord une conception de la démocratie très tocquevillienne d'esprit : le suffrage universel accompagné d'un jeu sophistiqué de pouvoirs et de contre-pouvoirs.

Ensuite la certitude que le marché et la règle de droit constituent l'avers et le revers d'une économie optimale : le marché sans règle de droit ressemble à une jungle ; une règle de droit sans marché au totalitarisme bureaucratique.

Enfin et surtout je crois à la supériorité du modèle occidental ; je suis convaincu que seule, à terme, l'Europe l'incarnera ; je veux croire que, consciente de ce devoir historique, elle continuera à avancer vers une « Union de plus en plus étroite », comme le proclament les traités. À cet égard, je suis l'expression d'une génération dont les convictions ne se transmettront probablement pas aux suivantes.

Supériorité du modèle occidental ? Ce n'est pas un remugle moderne de la supériorité de l'homme blanc ou une réhabilitation d'un colonialisme à la Jules Ferry ! Ce n'est pas affirmer, non plus, la primauté de l'Occident. La Chine, l'Inde, la Perse ont des histoires antérieures à la nôtre, des civilisations au moins aussi éclatantes que la nôtre, des cultures qui ne cessent de nous éblouir.

Mais affirmer que notre modèle de société est meilleur ne relève pas du blasphème. Si l'on croit aux valeurs de liberté et de solidarité – je n'oserai pousser le lyrisme jusqu'à dire de « liberté, égalité, fraternité » –, quel système peut prétendre offrir mieux ? Ou alors c'est avouer une hiérarchie de principes tout à fait différente, ce que les anti-occidentaux n'osent faire car ce serait tomber le masque.

L'Occident fait évidemment aujourd'hui une place cardinale aux États-Unis mais je suis, de longue date, convaincu que ceux-ci seront, au fil du temps, de moins en moins un pays occidental et de plus en plus un pays-monde, syncrétisme de la planète entière. Qui peut imaginer que, lorsque les Sino-Américains auront remplacé les « Wasps » et les Indo-Américains les Juifs au sommet de la société américaine, le pays sera le même qu'aujourd'hui, aura encore les yeux tournés vers l'Europe, partagera toujours nos valeurs ? Le chaudron auquel ressemblent déjà les États-Unis n'a plus rien de latin, de nordique, de scandinave. Ce n'est qu'un début et, de ce point de vue, le président Obama a représenté moins une exception qu'une anticipation.

C'est, dès lors, l'Europe seule qui portera les valeurs, témoignages de la supériorité de notre modèle. Il nous appartient de les protéger et seule une Union européenne accompagnée du Royaume-Uni et des autres États qui lui sont pour l'instant extérieurs peut en être la garantie. Peu importe que la force de l'Europe s'exprime par davantage de fédéralisme dans l'Union, par des accords bilatéraux tel le traité de Lancaster House avec Londres, des agréments mutuels, des cercles de compétences. Tout lien intra-européen sera un bienfait.

Est-ce irénique de tabler sur une telle évolution ? Je ne le crois pas : l'Union européenne est sortie renforcée de la crise du Covid ; elle ne pourra que répondre par davantage d'unité face à la montée de l'isolationnisme américain et aux agressions de l'impérialisme russe ; elle se renforcera dans la douleur, comme elle l'a toujours fait dans les crises ; elle y parviendra si elle demeure convaincue qu'elle incarne le meilleur modèle de société au monde et que son devoir est de le protéger et de le perpétuer.

De Gaulle se moqua, pendant la campagne présidentielle de 1965, de ceux qui criaient « l'Europe, l'Europe » en sautant comme des cabris. Je suis un cabri et je continuerai à crier : « L'Europe, l'Europe. »

TABLE

II. Les moments

III. Idées fixes

IV. Les ratés

Conclusion

DU MÊME AUTEUR (*suite*)

chez d'autres éditeurs :

L'INFORMATISATION DE LA SOCIÉTÉ, *avec Simon Nora*, Le Seuil, 1978.
L'APRÈS-CRISE EST COMMENCÉ, Gallimard, 1982.
L'AVENIR EN FACE, Le Seuil, 1984.
LE SYNDROME FINLANDAIS, Le Seuil, 1986.
LE NOUVEAU MOYEN ÂGE, Gallimard, 1993.
CONTREPOINTS, *recueil d'articles*, Le Livre de Poche, 1993.
DEUX FRANCE ?, *avec Philippe Séguin et Éric Laurent*, Plon, 1994.
LA FRANCE DE L'AN 2000, Odile Jacob, 1994.
L'IVRESSE DÉMOCRATIQUE, Gallimard, 1994.
ANTIPORTRAITS, Gallimard, 1995.
LA MONDIALISATION HEUREUSE, Plon, 1997.
LOUIS NAPOLÉON REVISITÉ, Gallimard, 1997.
AU NOM DE LA LOI, Gallimard, 1998.
SPINOZA, UN ROMAN JUIF, Gallimard, 1999.
LE FRACAS DU MONDE : journal de l'année 2001, Le Seuil, 2002.
JE PERSISTE ET JE SIGNE, CONTREPOINTS II, *recueil d'articles*, Le Livre de Poche, 2002.
MA VIE AVEC MARX, Gallimard, 2021.

Cet ouvrage a été achevé d'imprimer sur Roto-Page
par l'Imprimerie Floch à Mayenne
pour le compte des éditions Grasset
en octobre 2024

Composition réalisée par Belle Page

PAPIER CERTIFIÉ

Grasset s'engage pour
l'environnement en réduisant
l'empreinte carbone de ses livres.
Celle de cet exemplaire est de :
400 g éq. CO_2
Rendez-vous sur
www grasset-durable fr

N° d'édition : 23339 – N° d'impression : 105440
Dépôt légal : octobre 2024
Imprimé en France